Sabine Pemsel-Maier
Der Traum vom ewigen Leben

W0178136

Glauben erfahren mit Hand, Kopf und Herz

Band 7

Herausgegeben von Klaus Schilling

Sabine Pemsel-Maier

Der Traum vom ewigen Leben

Die christliche Hoffnung
auf die Überwindung des Todes

Verlag Katholisches Bibelwerk GmbH
Stuttgart

Die Deutsche Bibliothek – CIP-Einheitsaufnahme

Der Traum vom ewigen Leben :
die christliche Hoffnung auf die Überwindung des Todes /
Sabine Pemsel-Maier. – Stuttgart : Verl. Kath. Bibelwerk, 2000
　(Glauben erfahren mit Hand, Kopf und Herz ; Bd. 7)
　ISBN 3-460-11112-7

Was kommt nach dem Tod?

was kommt nach dem tod?
    nach dem tod
        kommen die rechnungen
        für sarg, begräbnis und grab

was kommt nach dem tod?
    nach dem tod
        kommen die wohnungssucher
        und fragen, ob die wohnung erhältlich

was kommt nach dem tod?
    nach dem tod
        kommen die grabsteingeschäfte
        und bewerben sich um den auftrag

was kommt nach dem tod?
    nach dem tod
        kommt die lebensversicherung
        und zahlt die versicherungssumme

was kommt nach dem tod?

Kurt Marti: Werkauswahl in fünf Bänden, aus: Namenszug mit Mond, Gedichte,
© 1996 Verlag Nagel & Kimche AG, Zürich

Inhaltsverzeichnis

Vorwort

Zum Konzept dieses Buches

Das vorliegende Buch ist im Rahmen der Arbeit mit Studierenden der Religionspädagogik an der Katholischen Fachhochschule Freiburg entstanden. Dabei wurde mir bewußt, daß es neben der vielfältigen – und teilweise recht umfangreichen – eschatologischen Literatur kaum Vorschläge gibt, wie die oftmals komplexe Theologie für die Gemeindepraxis aufbereitet, umgesetzt und vermittelt werden kann. Die Lücke versucht dieses Arbeits- und Praxisbuch zu füllen. Es möchte zum einen die christliche Hoffnung auf die Überwindung des Todes – auf Auferweckung, ewiges Leben und Vollendung der Welt – verständlich zur Sprache bringen, zum anderen methodisch-didaktische Zugänge dazu erschließen.

Das Buch ist in erster Linie für die Arbeit mit Gruppen (Erwachsenen und Jugendlichen) gedacht, die sich nicht mit einem Vortrag über ausgewählte Fragen der Eschatologie begnügen, sondern auf ganzheitliche Weise arbeiten wollen. Ausgewählte Elemente eignen sich auch für den Einsatz in der Schule im Bereich der Sekundarstufe I und II.

Die einzelnen Kapitel sind in einen theologischen und einen praktischen Teil gegliedert. Der theologische Teil beginnt mit einer Problemskizze, faßt die wesentlichen in der eschatologischen Literatur diskutierten Aspekte zusammen und schließt mit ausgewählten Zitaten. In dieser Hinsicht bietet das Buch eine kurz gefaßte Einführung in das zentrale Thema der christlichen Eschatologie. Der praktische Teil enthält sowohl Materialien (Bilder, Symbole, Skizzen, Arbeitsblätter, Texte, Gedichte, Lieder, Tänze, Phantasiereisen etc.) als auch konkrete Methodenvorschläge und Anregungen, wie auf kreative Weise damit gearbeitet werden kann.

Hinweise zum Gebrauch

Das Arbeitsbuch wendet sich an Mitarbeiter(innen) im pastoralen Dienst sowie in der Jugend- und Erwachsenenbildung, an Religionslehrer(innen) und nicht zuletzt an alle theologisch Interessierten, die vor der Frage stehen, wie die christliche Hoffnung auf das, was nach dem Tod kommt, glaubwürdig erschlossen werden kann.

Zum theologischen Teil

– Eine wesentliche Grundlage der Eschatologie sind die biblischen, insbesondere neutestamentlichen Texte. Sie bilden nicht nur das bleibende Fundament, sondern stellen auch einen kritischen Maßstab dar, an dem sich alle eschatologischen Entwürfe zu messen haben lassen. Aus diesem Grund wurden die jeweiligen biblischen Stellen nicht nur angemerkt, sondern ausführlich wiedergegeben.

Dabei ist freilich zu beachten, daß es „die" biblische Eschatologie nicht gibt, sondern daß nahezu jede Schrift im AT und NT ihre eigene eschatologische Ausrichtung hat, die im Grunde einer eigenen Untersuchung bedürfte. Daß dies im vorgegebenen Rahmen nicht im Detail geleistet werden konnte, liegt auf der Hand[1].

– Die Gliederung trennt nicht strikt, wie es in der Tradition vielfach üblich geworden ist, zwischen der allgemeinen Eschatologie, die nach der Zukunft von Welt und Schöpfung fragt, und der individuellen Eschatologie, die das Schicksal des bzw. der einzelnen im Blick hat. Diese Unterscheidung hat sich oft als künstlich erwiesen, denn beide Aspekte der Eschatologie sind eng miteinander verbunden. Ein jeder Mensch gestaltet mit seiner persönlichen Lebensgeschichte die Geschichte dieser Welt mit; umgekehrt vollzieht sich die persönliche Geschichte nicht im luftleeren Raum, sondern zeigt sich durch die Weltgeschichte geprägt. Wo es doch sinnvoll ist, zwischen dem individuellen und dem universalen Aspekt zu unterscheiden, wird dies eigens angemerkt.

– Auf Tradition und Theologiegeschichte wird nur dann eingegangen, wenn sie unverzichtbar sind für das heutige Verständnis der betreffenden eschatologischen Aussagen.

– Lehramtliche Äußerungen werden nicht in jedem Fall angeführt, sondern nur dort, wo es zu klären gilt, inwiefern bestimmte Positionen und Interpretationen der neueren Theologie mit dem Lehramt vereinbar sind. Aus eben diesem Grund spielen die lehramtlichen Aussagen der Tradition eine untergeordnete Rolle; das Gewicht liegt deutlich auf den jüngeren bzw. zeitgenössischen Aussagen des Lehramtes.

– Wissenschaftliche Anmerkungen, Quellennachweise etc. wurden, von einigen notwendigen Ausnahmen abgesehen, bewußt weggelassen. Die ureigene Stimme einzelner Autoren und ihre oft markanten Formulierungen kommen unter dem Stichwort „Zitate" zur Sprache. Sie sind auch als Diskussionstexte geeignet.

– Die mit einem Kasten umrandeten Bibelstellen oder auch Textpassagen eignen sich in besonderer Weise als Kopiervorlage; auf sie wird auch in den didaktischen Anregungen Bezug genommen. Sie können entweder direkt als Kopie bzw. auf Folie übernommen oder zu einem Arbeitsblatt zusammengestellt werden.

– Die Hinweise zu weiterführender Literatur finden sich auf Seite 154 ff. Sie umfassen Monographien sowie Beiträge in Sammelbänden, jedoch keine Zeitschriftenaufsätze.

Zum praktischen Teil

– Zur Ermöglichung von Lernerfahrungen mit „Hand, Kopf und Herz" enthält der praktische Teil Materialien und didaktische Vorschläge, die nicht nur den Intellekt, sondern auch die Sinne und Emotionen ansprechen. Neben dem Lesen kommt das eigene Schreiben, neben dem Betrachten das Gestalten, neben dem Hören das Verklanglichen, neben dem Geist der Körper zu seinem Recht.
– Methoden, die einer Erläuterung bedürfen, sind mit einem * versehen und werden am Ende des Buches in alphabetischer Reihenfolge in Kurzform vorgestellt.
– Grundsätzlich gilt für alle Methoden das Prinzip der Freiwilligkeit: Keine(r) muß mitmachen, jede(r) kann zwischendurch aussteigen, wenn es dem/der Betreffenden nötig erscheint.
– Nach allen kreativen Übungen soll die Möglichkeit zum Austausch über die dabei gemachten Erfahrungen angeboten werden, sofern die Teilnehmer(innen) dies wollen.
– Über die kreativen Elemente hinaus wurden auf der Grundlage des theologischen Teils zusätzlich „Impulse" eingeplant, in denen der/die Leiter(in) in Form eines Kurzvortrags oder -referates wichtige Informationen zur Verfügung stellt.
– Bei den Liedern wurden nur solche angeführt, die nicht im „Gotteslob" stehen. Sie wurden nur in besonderen Fällen in die didaktischen Anregungen aufgenommen, ansonsten unter den Materialien einfach aufgeführt.
– Die Materialien und didaktischen Hinweise verstehen sich als Bausteine. Sie sind in einer sinnvoll aufeinander aufbauenden Reihenfolge angeordnet, so daß sie als ganzes übernommen werden können. Ebenso ist es aber möglich, einzelne Elemente daraus auszuwählen, andere wegzulassen, methodisch zu variieren, zu ersetzen, zu ergänzen bzw. einen anderen Einstieg oder Schluß zu wählen.
– Didaktische Elemente lassen sich aus einem Kapitel auf ein anderes übertragen. So ist beispielsweise ein Schreibgespräch oder die bildhafte Gestaltung der eigenen Vorstellungen oder die Verklanglichung eines Bibeltextes nicht auf ein bestimmtes

Thema beschränkt, sondern eignet sich für eine Vielzahl von Themen.

– Eben weil es sich um Bausteine handelt, wurden die Hinweise allgemein gehalten und nicht detailliert ausgearbeitet. Hier ist die Kreativität derer gefordert, die die entsprechende Bildungsveranstaltung leiten. Zu berücksichtigen sind in diesem Zusammenhang die jeweilige Größe und Zusammensetzung der Gruppe, ob die Teilnehmer(innen) einander kennen oder fremd sind, die zur Verfügung stehende Zeit, ob nur ein Abend zu einem bestimmten Thema stattfindet oder eine ganze Reihe u. a. m.

Die Problematik

Was dürfen wir hoffen

„Was dürfen wir hoffen?" – so lautet nach Immanuel Kant eine der Grundfragen des Menschen. Das christliche Glaubensbekenntnis antwortet darauf unmißverständlich: „Wir erwarten die Auferstehung von den Toten und das Leben der kommenden Welt."

Die christlichen Antworten haben an Überzeugungskraft verloren

Viele Zeitgenossen, darunter auch gläubige Menschen, fühlen sich von dieser Antwort immer weniger angesprochen oder können schlichtweg damit nichts anfangen. Die Botschaft von der Auferweckung hat an Aussage- und Überzeugungskraft eingebüßt; die christliche Eschatologie – wörtlich: die Lehre von den „letzten Dingen" – die sich mit der Frage beschäftigt, was den Menschen nach dem Tod erwartet, ist zu einem Fremdkörper geworden. Unterstrichen wird diese Beobachtung durch verschiedene statistische Erhebungen[2] sowie durch Studien von religionssoziologischer Seite[3], die auf die Diskrepanz zwischen kirchlich-dogmatischen Aussagen und dem faktischen Glauben aufmerksam machen.

Statt dessen: Wachsendes Interesse an Esoterik, New Age, Okkultismus, Reinkarnation und Nahtod-Erlebnissen

Dabei ist es nicht so, daß die Frage nach den „letzten Dingen" verstummt oder das Interesse daran völlig gestorben wäre – im Gegenteil. Filme, die diese Thematik aufgreifen, wie „Ghost" (USA 1990), „Flatliners" (USA 1993), „Ponette" (Frankreich 1996) oder „Hinter dem Horizont" (USA 1998) verzeichnen hohe Besucherzahlen. Die Hoffnung, daß es nach dem Tod „irgendwie" weitergeht, hat an Faszination nicht verloren[4]. Allerdings wird der Glaube an ein Weiterleben nach dem Tod in vielen Fällen eben nicht mit der christlichen Hoffnung auf Auferweckung gefüllt. Immer mehr Menschen suchen Antworten auf ihre Fragen im Bereich der Esoterik, der New-Age-Bewegung oder bei anderen Religionen. Die Verbreitung der Reinkarnationslehre auch unter Christen spricht Bände[5]. Okkulte Praktiken wie Tische- und Gläserrücken, verschiedene Formen der Kontaktaufnahme mit dem Jenseits[6], aber auch ein ausgeprägtes Interesse an Nahtod-Erlebnissen[7] füllen das durch den Ausfall christlicher Deutemuster entstandene Vakuum.

Versuch einer Erklärung

Was sind die Gründe für den Ausfall an Plausibilität?

1. Bis in dieses Jahrhundert hinein wurde Eschatologie verstanden als eine klare und eindeutige Lehre über die letzten Dinge. Die eschatologischen Aussagen der Schrift nahm man oft genug als konkrete Beschreibungen über die Vorgänge nach dem Tod, ja geradezu als „Physik der letzten Dinge". Vor allem die neuscholastische Theologie machte den Versuch, ein einheitliches eschatologisches System in Form einer Chronologie zu entwerfen und erging sich in ausgiebigen Spekulationen darüber, zu welchem Zeitpunkt bei der Auferstehung der Toten die Posaune blasen werde – und ob in Dur oder in Moll.

Das Mißverständnis eschatologischer Aussagen als „Spezialwissen"

So schien es, als verfügten Christentum und Kirche über ein Mehr an Information oder eine Art „Spezialwissen" über die Zukunft, das sie Nichtglaubenden voraus haben. Doch gerade dieses scheinbare Mehr an Information vermochte die Fragen der Menschen nicht zu befriedigen, sondern wurde zum Problem. Vieles davon erschien und erscheint heute mehr denn je als schlichtweg unglaubwürdig oder gar lächerlich, als Rest alten mythologischen Denkens oder als eine Form der Wahrsagerei.

Das Sprachproblem

2. Die mangelnde Plausibilität der eschatologischen Botschaft ist wesentlich ein Sprachproblem. Die traditionellen Kategorien greifen nicht mehr bzw. werden nicht mehr verstanden: Was heißt überhaupt „Auferweckung"? Was ist gemeint, wenn von der „Auferstehung des Leibes" die Rede ist? In diesem Zusammenhang fehlen nicht zuletzt aussagekräftige Bilder, die nicht nur die ratio ansprechen, sondern wahrhaft „ins Herz" treffen.

Der Verdacht der bloßen Vertröstung

3. Die christliche Zukunftshoffnung sieht sich immer wieder dem Grundverdacht ausgesetzt, sie sei nichts anderes als eine bloße Vertröstung der Menschen aufs Jenseits, ohne Konsequenzen und ohne gestaltende Kraft für das Hier und Jetzt. Allein schon das Nachdenken über ein Jenseits scheint ein unnötiger Luxus, weil es die Aufmerksamkeit für das Diesseits absorbiert. Die Leugnung einer Hoffnung über den Tod hinaus ist für eine Reihe von Religionskritikern und Philosophen geradezu die Voraussetzung um sich vorbehaltlos in dieser Welt einzusetzen und zu engagieren.

Aufgaben der Eschatologie heute

Angesichts dieser Schwierigkeiten steht die Eschatologie heute vor der Aufgabe
- die biblisch-eschatologische Botschaft verständlich auszulegen und zu interpretieren
- eine angemessene Sprache und aussagekräftige Bilder zu finden
- die Zusammengehörigkeit von „Diesseits" und „Jenseits" aufzuzeigen und die gestaltende Kraft der christlichen Zukunftshoffnung für diese Welt zu erschließen

Zitate

„Die systematische Theologie (Dogmatik, aber auch Ethik) sieht sich angesichts der biblischen eschatologischen Aussagen vornehmlich vor zwei Aufgaben: Zum einen sucht sie nach Möglichkeiten, diese Aussagen heute zu verstehen, d. h. sie mit heutigen Erfahrungen zu vermitteln. Aus dem Verstehen ergeben sich praktikable Regeln für den Umgang mit den biblischen eschatologischen Aussagen (Hermeneutik eschatologischer Aussagen). Zum andern muß die systematische Theologie zusammen mit der praktischen Theologie immer neu versuchen, das Verstandene in eine heutige Sprachgestalt zu übersetzen und es so auch Nichtglaubenden mitteilbar zu machen. Die systematische Theologie kann es nicht dabei bewenden lassen, die biblischen Bilder, Begriffe usw. in ihrer Vielfalt (die binnenkirchlich wegen ihrer Geläufigkeit vielfach als begriffen angesehen werden) einfach zu wiederholen. Damit ist die Dringlichkeit einer ‚narrativen Theologie' mit ihrer Bilderwelt nicht geleugnet."[8]

„Bis zur Neuzeit wurde die Wirklichkeit vornehmlich im Schema zweier Welten, Diesseits und Jenseits, verstanden. Man begriff das Diesseits als einen Raum, der von Gott dem Menschen vorgegeben und vorgeordnet und in seinen wesentlichen Strukturen unveränderlich, statisch ist. (...) Der Sinn der Geschichte erschöpft sich darin, Bewährungszeit für den Menschen zu sein, ihm nämlich die Voraussetzungen dafür zu bieten, sich durch sittlich-religiöses Handeln für die jenseitige Welt zu bereiten. (...) Zwei Welten stehen sich also gegenüber, Diesseits und Jenseits. Zwischen beiden besteht kaum eine wirkliche, wesentliche Beziehung: Zwar ist im Irdischen Wachsamkeit für das kommende Jenseits erforderlich, auch wirkt

die himmlische Gnade jetzt schon im Irdischen, und schließlich erfolgt das jenseitige Gericht nach Maßgabe des diesseitigen Lebens, so daß der himmlische Lohn der irdischen Bewährung entspricht. Aber trotz dieser dreifachen gegenseitigen Verklammerung von Diesseits und Jenseits stehen beide Welten in sich selbst festgefügt da, ohne daß die eine auf die andere hingeordnet ist. (...)
Gegenüber diesem traditionellen Weltverständnis im Diesseits-Jenseits-Schema ist der Übergang vom antiken Weltbild zum neuzeitlichen Wirklichkeitsverständnis dadurch gekennzeichnet, daß nicht mehr zwei Welten, die diesseitige und die jenseitige, sich starr gegenüberstehen (...). Die Zukunft erscheint dem Menschen der Neuzeit nicht mehr als ein zweites Stockwerk, in das der Mensch nach seiner irdischen Bewährung gelangt, sie ist das in und aus der Welt selbst durch menschlichen Einsatz Organisierbare, Machbare, Erreichbare. (...) Zukunft ist das, was der Mensch selbst machen kann und machen muß; es geht um die Zukunft dieser unserer einzigen Welt. (...) Deswegen ist zwischen der christlichen Hoffnung, die auf eine letzte Zukunft bei Gott setzt, und den Fragen des heutigen Menschen nach der Zukunft der Welt ein scheinbar unheilbarer Riß entstanden. Beides scheint nichts miteinander zu tun zu haben."[9]

Materialien

Tanz

Pilgertanz

Der Pilgertanz ist ein ganz einfacher und leicht zu lernender Tanz.
- Aufstellung:
  Im Kreis hintereinander; die rechte Hand liegt auf der Schulter des/der Vordertanzenden.
- Schrittfolge:
  Mit dem rechten Fuß beginnend drei Schritte vorwärts (rechts – links – rechts); dann mit dem linken Fuß einen kleinen Schritt zurück, das Gewicht leicht darauf verlagern und mit dem selben Fuß wieder vor, so daß ein Wiegeschritt entsteht.
  Dieser vierte Schritt steht für die Rückbesinnung und das Innehalten vor dem Neubeginn. Insgesamt symbolisieren die vier Schritte, die bis zum Ausklang der Musik immer wieder wiederholt werden, den Lebensweg eines Menschen mit seinen vier Phasen: Geburt – Aufwachsen – Erwachsen-Werden – Sterben.

Der Tanz paßt auf alle ruhigen Musikstücke und Lieder im Vierertakt; besonders eignet sich der Kanon von Pachelbel.

Tanz und Lied

Ein Tag, der sagt dem andern[10]

Tanz in Gruppen zu vier Paaren hintereinander

Einzug
Weg
Zeit
Ewigkeit
Alltag
Tageskreis

Text:
Gerhard Tersteegen
1745

Melodie:
Pierre Jacot 1937

Rechte:
Pierre Jacots Erben
(M)

CD Nr. 12
Spieldauer 1'19

Weglieder sprechen uns an, weil wir alle unterwegs sind. Sie nehmen etwas davon auf, was uns alle betrifft. Es sind Erfahrungen von uns allen.

Im vorliegenden Kanon geben die Tage eine gute Botschaft weiter: Unser Lebensweg verliert sich nicht in der Unendlichkeit oder im Nichts. Er hat ein Ziel und ein Ende. Jeder Tag bringt uns der Ewigkeit, der Wohnung Gottes, dem „Himmlischen Jerusalem" ein Stück näher.

Auch das Bild vom „wandernden Gottesvolk" und das Wissen, daß wir hier „keine bleibende Statt" haben, kommen mir in den Sinn.

Bewegungsvorschlag

Aufstellung: Je vier Paare stellen sich hintereinander in Tanzrichtung auf.

Ein Tag, der sagt dem andern,

Das vorderste Paar klatscht auf „Tag" in die eigenen Hände und wendet sich zum zweiten Paar nach hinten (das Klatschen weitergeben).

Das zweite Paar klatscht auf „sagt" und wendet sich zum dritten Paar. Dieses übernimmt wiederum die Geste und

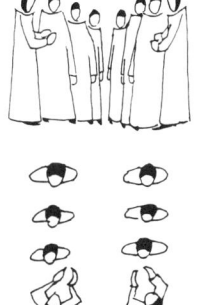

klatscht auf die Silbe „an". Das letzte Paar klatscht auf die Silbe „dern" nach hinten in den Raum, stellvertretend für alle Tage, die noch kommen werden.

mein Leben sei ein Wandern
Alle gehen paarweise hintereinander acht Schritte in Tanzrichtung ⤳

Im Kanon:
Den drei Singstimmen entsprechend braucht es drei Gruppen mit je vier Paaren. Aufstellung im Kreis mit genügend Abstand zwischen den Gruppen.
Zuerst bewegen sich alle einstimmig.

zur großen Ewigkeit.
Das hinterste Paar zieht durch die geöffnete Gasse nach vorn auf den ersten Platz (= in die Ewigkeit einziehen) und beginnt gleich mit dem Klatschen für den nächsten Durchgang des Liedes. Die anderen Paare haben den Einzug mit freundlich einladenden Gesten begleitet (= den Weg bereiten, Letzte werden Erste sein).

Symbol

Labyrinth der Kathedrale von Chartres (12. Jahrhundert)

Texte

I. Bachmann:
Reklame[11]

Wohin aber gehen wir
ohne sorge sei ohne sorge
wenn es dunkel
    und wenn es kalt wird
sei ohne sorge
aber
mit musik
was sollen wir tun
heiter und mit musik
und denken
heiter
angesichts eines Endes
mit musik
und wohin tragen wir
am besten
unsre Fragen und
    den Schauer aller Jahre
in die Traumwäscherei ohne
    sorge sei ohne sorge
was aber geschieht
am besten
wenn Totenstille

eintritt.

L. Zenetti:
Letztes Gebet[12]

Laß uns nicht fallen
wie die Blätter im Herbst
nicht versinken in Nichts
ins Vergessen
laß uns nicht untergehn
denn du bist der Herr
Hebe die Hand
unseretwegen hebe die
    Schwerkraft auf
halte uns hoch
halte uns über Wasser
denn du bist der Herr
Doch wenn du es willst
dann laß uns fallen
wie den Regen aufs Land
dann laß uns fallen
in deine Hand
denn du bist der Herr.

Fragebogen: Was kommt nach dem Tod?[13]

Die persönlich zutreffenden Antworten sind anzukreuzen; dabei sind auch mehrere Antworten möglich:

1. Christen haben weniger Angst vor dem Tod als Nichtchristen
   - weil sie wissen, daß mit dem Tod nicht alles aus ist
   - weil sie an eine Wiedergeburt glauben
   - weil ...

Der Satz stimmt nicht: Christen haben genau so viel Angst
Der Satz stimmt nicht: Wegen der Erwartung des Gerichts haben Christen mehr Angst als andere Menschen

2. Die kirchlichen Aussagen über das, was den Menschen nach dem Tod erwartet
   - machen mir Angst
   - ängstigen mich nicht, weil ich an die Auferstehung glaube
   - sind nur bildlich zu sehen
   - haben für mich keine Bedeutung/ich glaube nicht daran
   - ich kenne diese Aussagen nicht

3. Der Glaube an die Auferweckung
   - hat für mich keine besondere Bedeutung
   - gibt mir Kraft und Hoffnung für mein Leben
   - ich glaube nicht daran
   - bedeutet für mich: ...

4. Das Ende der Welt stelle ich mir vor
   - wie es in der Bibel steht
   - wie ich es von Bildern kenne
   - ich mache mir keine Vorstellung
   - ich habe andere Vorstellungen: ...

Didaktische Anregungen

▓ Einstieg: Pilgertanz
Der Tanz kann bei Platzmangel im Kreis getanzt werden; besser aber, sofern es räumlich möglich ist, im Sinne einer wirklichen Wegstrecke (auch im Freien).

▨ Symbolarbeit mit dem Labyrinth von Chartres:
Dieses Symbol führt das Thema „Lebensweg" weiter.
▷ Die Teilnehmer(innen) fahren in Stille oder zu meditativer Musik das Labyrinth nach.
▷ Sie deuten es als Symbol für ihr eigenes Leben, das nicht geradlinig, sondern in vielen Windungen und mit Umwegen verläuft.
▷ Der Weg durch das Labyrinth geht nicht endlos weiter, sondern endet in der Mitte. Die Teilnehmer(innen) geben jede(r) für sich dieser Mitte einen Namen.

▨ Tanz und Lied: *„Ein Tag, der sagt dem andern"*

▨ Text von *I. Bachmann: Reklame:*
– Worin besteht die besondere Wirkung dieses Textes?
– Welche Antwort gibt er auf die Frage nach dem „Ziel des Weges" bzw. nach dem „Ende"?
▷ Die Teilnehmer(innen) sammeln auf einem Plakat verschiedene mögliche Antworten auf die Frage, was nach dem Tod kommt, – und zwar ohne sie zu bewerten.
▷ Austausch: Wie kommen Menschen zu diesen Antworten? Stammen sie aus der Religion bzw. den Religionen, aus der Naturwissenschaft, aus der Philosophie etc.?

▨ Ungegenständliches Malen*:
▷ Die Teilnehmer(innen) bringen mit Hilfe verschiedener Farben ihre persönliche Erwartung, was nach dem Tod kommt, zum Ausdruck. Die Bilder werden ausgelegt oder aufgehängt und in Stille betrachtet.

▨ Fragebogen:
▷ Die Fragebögen werden anonym beantwortet. Sie können entweder bis zum nächsten Treffen ausgewertet oder direkt im Anschluß gemischt, neu verteilt und dann vorgelesen werden.
Auf diese Weise lassen sich die Vor-Einstellungen der Teilnehmer(innen) eruieren; umgekehrt haben diese die Möglichkeit, eigene Interessensschwerpunkte einzubringen und sich über ihre Erwartungen klar zu werden.

▨ Impuls: Schwierigkeiten und Aufgaben der Eschatologie heute

▨ Abschluß: *L. Zenetti: Letztes Gebet*

1. Hintergrund und Hilfe zum Verständnis biblisch-eschatologischer Texte: Die Apokalyptik

Die Problematik

Detaillierte Schilderungen künftiger Ereignisse?

Eine Reihe biblischer Texte, die von der Hoffnung auf die Überwindung des Todes sprechen, fallen auf, ja irritieren geradezu durch ihre detaillierte Schilderung. Unwillkürlich stellt sich die Frage, woher die biblischen Verfasser über die künftigen Vorgänge so genau Bescheid wissen.

1 Thess 4,16f: „Denn der Herr selbst wird vom Himmel herabkommen, wenn der Befehl ergeht, der Erzengel ruft und die Posaune Gottes erschallt. Zuerst werden die in Christus Verstorbenen auferstehen; dann werden wir, die Lebenden, die noch übrig sind, zugleich mit ihnen auf den Wolken in die Luft entrückt, dem Herrn entgegen."

1 Kor 15,51: „Die Posaune wird erschallen, die Toten werden zur Unvergänglichkeit auferweckt (...)."

Prognosen eines schlimmen Endes?

Andere provozieren, insofern sie das Ende der Welt unter dem Vorzeichen von Feuer und Katastrophen, Krankheit und Tod, Hunger und Pest, Mord und Krieg ankündigen.

Mk 7f: „Wenn ihr dann von Kriegen hört und Nachrichten über Kriege euch beunruhigen, laßt euch nicht erschrecken! Das muß geschehen. (...) Denn ein Volk wird sich gegen das andere erheben und ein Reich gegen das andere. Und an vielen Orten wird es Erdbeben und Hungersnöte geben."

24f: „Aber in jenen Tagen, nach der großen Not, wird sich die Sonne verfinstern und der Mond wird nicht mehr scheinen; die Sterne werden vom Himmel fallen und die Kräfte des Himmels werden erschüttert werden."

2 Petr 3,10-12: „Dann wird der Himmel prasselnd vergehen, die Elemente werden verbrannt und aufgelöst, die Erde und alles, was auf ihr ist, werden nicht mehr gefunden. (...) An jenem Tag wird sich der Himmel im Feuer auflösen und die Elemente werden im Brand zerschmelzen."

Der Hintergrund: Die literarische Gattung der Apokalyptik

Sprache und Denkwelt einer bestimmten literarischen Gattung

Während die einen sich durch die zitierten biblischen Aussagen in Angst und Schrecken versetzen lassen, die anderen befriedigt darin ihre persönliche Überzeugung bestätigt sehen, daß es mit der Welt ein böses Ende nehmen werde, halten die dritten die betreffenden Stellen für die bloße Ausgeburt einer pessimistischen Phantasie. Keiner von ihnen wird ihnen freilich auf diese Weise gerecht. Die betreffenden eschatologischen Aussagen der Schrift erscheinen deshalb so fremdartig, weil sie eingekleidet sind in die Sprache und Denkwelt der Apokalyptik, die in der Bibel eine eigene literarische Gattung darstellt.

Entstanden in einer Zeit politischer Krise

Bei der Apokalyptik handelt es sich um eine Gestalt der Zukunftshoffnung bzw. -erwartung, die aus dem späten Judentum heraus in der Zeit von 200 v.Chr. bis 100 n.Chr. erwachsen ist. Die betreffende Phase der jüdischen Geschichte war geprägt von einer als überaus hart, ja schrecklich erfahrenen politischen Fremdherrschaft der Griechen und Römer, die die Aussicht auf einen eigenen Staat und vor allem auf die ungehinderte Ausübung der eigenen Religion gänzlich schwinden ließ. Zugleich damit schwand auch die alte Gewißheit, Gott *in der eigenen Geschichte* als den zu erfahren, der rettend eingreift.

Die Geschichtskonzeption

Hoffnung auf die Wende vom alten zum neuen Äon

Die Hoffnung auf das Handeln Jahwes erlahmte nicht – wohl nahm sie aber eine andere Form an: Sie zielte *nicht* mehr *auf* die Geschichte, sondern *aus der Geschichte heraus*. Eben weil von dieser Welt und der innerweltlichen Geschichte offensichtlich nichts mehr zu erwarten war, richtete sich die ganze Hoffnung darauf, daß Gott eine neue Welt bzw. eine neue Zeit – die Apokalyptik spricht vom „neuen Äon" – heraufführen würde. Dabei gibt es nach apokalyptischer Vorstellung zwischen dieser Geschichte und dem Heil Gottes keinerlei Beziehung. Der alte Äon wurde als schlichtweg böse, verdorben und unweigerlich dem Untergang geweiht erfahren. Zum gegebenen Zeitpunkt werde er in einer kosmischen Weltkatastrophe zugrunde gehen und in einer großen Zeitenwende, die zugleich als Gericht über die Menschen gedacht wurde, durch den neuen Äon abgelöst. Dann, mit der Aufrichtung der Herrschaft Gottes, wird alle Ungerechtigkeit, Unterdrückung und alles Leid ein Ende haben und ein völlig neues, geradezu paradiesisches Leben wird beginnen. In diesem Zusammenhang werden auch die Toten zu neuem Leben auferstehen.

Trost in schwieriger Zeit

In der Aussicht auf diese Wende bestand der ungeheure Trost in einer Zeit, in der die Menschen praktisch keine Möglichkeit hatten, ihre Geschichte zu gestalten, sondern nichts anderes tun konnten als sie zu ertragen und abzuwarten. Das Buch Daniel, die apokalyptische Ganzschrift des AT, gibt ein beredtes Zeugnis davon. Die Apokalyptik war fest davon überzeugt, daß dieser Verlauf der Geschichte gleich einem großen Plan bei Gott verborgen sei. Einigen auserwählten „Sehern" jedoch hat Gott diesen Plan jetzt schon „enthüllt" und offenbart – vom griechischen Begriff „Offenbarung" – „apokalypsis" hat jene Bewegung auch ihren Namen.

Stilmittel und Motive

Die Vertreter der Apokalyptik stellen das Szenario „Untergang des alten und Wende zum neuen Äon" in drastischen und oft sehr detaillierten Bildern vor Augen. Der Untergang großer Kulturen und der Zusammenbruch mächtiger Reiche spielen dabei ebenso eine Rolle wie Naturkatastrophen, das Chaos der Elemente oder die Gestirne, die ihren angestammten Lauf verlassen. Zum typisch apokalyptischen Bildmaterial gehört auch der Schall der Posaune, das Aufbrechen der Erde, das Sich-Öffnen der Gräber, das Herauskommen der Toten, die Versammlung aller zum Gericht und das Öffnen des Buches, in das die Schuld der Menschen zu Lebzeiten eingetragen ist.

Apokalyptik im NT

Die Übernahme apokalyptischer Bilder

In zahlreiche neutestamentliche Texte sind Bilder, Stilmittel und Motive der Apokalyptik eingeflossen. Sie dienen vor allem als Ausdrucksmittel für die Wiederkunft des Messias zum Gericht und zur endgültigen Aufrichtung der Gottesherrschaft. Es fällt auf, daß sich vor allem die neutestamentlichen Schriftsteller in der zweiten Hälfte des ersten Jahrhunderts verstärkt apokalyptischen Gedankengutes bedienen. Das ist kein Zufall, denn diese Zeit wurden in verschiedener Hinsicht als Krise erfahren: die Zerstörung Jerusalems, die Niederlage im jüdischen Krieg gegen die Römer, schließlich die ersten Christenverfolgungen von römischer Seite. Das Auftreten der „Feinde", die Erwartung, daß an den Bedrängern Vergeltung geübt werde und die ausdrückliche Ansage von Rache sind nun häufige Motive.

Wichtige apokalyptische Texte im NT

Die einzige apokalyptische Ganzschrift im NT ist die Offenbarung des Johannes, die unter der Erfahrung der domitianischen Verfolgung entstanden ist.

Daneben sind die umfangreichsten zusammenhängenden apokalyptischen Texte die sog. synoptischen Apokalypsen in Mk 13, 1-37; Mt 24,1-25,46 und Lk 21,5-36.

Weitere neutestamentliche Schriftsteller haben apokalyptische Bilder aufgegriffen und in ihrer Darstellung eingearbeitet (vgl. die eingangs zitierten Texte 1 Thess 4,16f, 1 Kor 15,51 und 2 Petr 3,10-12, sowie 2 Thess 1,5-10).

Abgrenzung der neutestamentlichen von der jüdischen Apokalyptik

Die Verkündigung Jesu ist einerseits apokalyptischem Gedankengut verhaftet, unterscheidet sich andererseits jedoch grundlegend davon. Einerseits gebrauchte und brauchte er das Bildmaterial der Apokalyptik, um seine Botschaft vom Reich-Gottes, vom Anbruch des Heils und der damit verbundenen Entscheidungssituation seinen Zeitgenossen verständlich zu machen. Doch zugleich zielt seine Verkündigung des Kommens der Gottesherrschaft auf die Verwirklichung des Heiles und den Anbruch der Vollendung in dieser Welt:

Mk 1,15: „Die Zeit ist erfüllt, das Reich Gottes ist nahe. Kehrt um und glaubt an das Evangelium."

Mt 3,2; 4,17: „Kehrt um! Denn das Himmelreich ist nahe."

Mt 12,28 (par Lk 11,20): „Wenn ich aber die Dämonen durch den Geist Gottes austreibe, dann ist das Reich Gottes schon zu euch gekommen."

Lk 9,2: „Und er sandte sie aus mit dem Auftrag, das Reich Gottes zu verkünden und zu heilen."

Lk 17,21: „Das Reich Gottes kommt nicht so, daß man es an äußeren Zeichen erkennen könnte. Man kann auch nicht sagen: Seht, hier ist es!, oder: Dort ist es! Denn: Das Reich Gottes ist (schon) mitten unter euch."

Mk 4,30-32 (par Lk 13,18f): „Womit sollen wir das Reich Gottes vergleichen, mit welchem Gleichnis sollen wir es beschreiben? Es gleicht einem Senfkorn. Dieses ist das kleinste von allen Samenkörnern, die man in die Erde sät. Ist es aber gesät, dann geht es auf und wird größer als alle anderen Gewächse (...)."

Lk 13,20f: „Womit soll ich das Reich Gottes vergleichen? Es ist wie der Sauerteig, den eine Frau unter einen großen Trog Mehl mischte, bis das Ganze durchsäuert war."

Die Unterschiede der Apokalyptik zur Reich-Gottes-Botschaft Jesu

Auf diese Weise nimmt Jesus eine wesentliche Korrektur am Geschichtsdenken der Apokalyptiker vor:
– Die Gottesherrschaft ist *nicht* einfach ein Ereignis der *Zukunft*, sondern sie bricht *hier und jetzt* an; *nicht nach dieser Zeit*, sondern *in dieser Zeit*.
– Sie wird *nicht erst außerhalb dieser Welt* verwirklicht, sondern *in dieser Welt*.
– Damit sie anbrechen kann, muß *der alte Äon nicht vergehen*, sondern dies geschieht gerade *unter den Bedingungen dieses Äons* bzw. dieser Welt.
– Sie ist *nicht die alleinige Tat Gottes*, sondern erfordert die *Mitwirkung des Menschen*.
– Die ihr entsprechende Haltung ist darum *nicht das bloße Abwarten*, sondern die *Umkehr und* das damit verbundene *Handeln*.

Kritische Rezeption des apokalyptischen Gedankengutes im NT

In Entsprechung zur Botschaft Jesu haben die neutestamentlichen Schriftsteller das apokalyptische Geschichtsbild nicht einfach übernommen, sondern in seinem Sinne modifiziert.

Die Vollendung bricht an in dieser Welt

Ihre Aussagen sind bestimmt von der Grundüberzeugung, daß die Erlösung in Tod und Auferweckung Jesu bereits Wirklichkeit geworden ist, wenngleich die Vollendung des Heils noch aussteht. Wo immer Menschen also im Sinne Jesu handeln und ihr Leben ausrichten, dort hat Erlösung bereits begonnen, auch wenn sie noch nicht vollendet ist. Jegliche resignative oder ausschließlich negative Beurteilung dieser Welt verbietet sich damit von selbst:

– An die Stelle des innerlichen Auszugs aus der Geschichte tritt die Aufforderung zum Handeln hier in dieser Welt:
Mk 13,10: „Vor dem Ende aber muß allen Völkern das Evangelium verkündet werden!"

– Dazu gehört auch die Erfahrung von Leid und Unterdrückung:
Mk 13, 9.12f: „Ihr aber, macht euch darauf gefaßt: Man wird euch um meinetwillen vor die Gerichte bringen, in den Synagogen mißhandeln und vor Statthalter und Könige stellen (...). Brüder werden einander dem Tod ausliefern und Väter ihre Kinder, und die Kinder werden sich gegen ihre Eltern auflehnen und sie in den Tod schicken. Und ihr werdet um meines Namens willen von allen gehaßt werden (...)."

Keine Spekulation
über das Ende

– Jegliche – in der Apokalyptik gern betriebene – Berechnung des Endes wird abgelehnt:
Mk 13,32: „Jenen Tag und jene Stunde kennt niemand, auch nicht die Engel im Himmel, nicht einmal der Sohn, sondern nur der Vater."

– An die Stelle zeitlicher Berechnung tritt die Ermahnung zu ständiger Wachsamkeit:
Mk 13,33: „Seht euch also vor und bleibt wach! Denn ihr wißt nicht, wann die Zeit da ist!"

– Vor vorschnellen Schlüssen auf das Ende wird gewarnt:
2 Thess 2,2: „Laßt euch nicht so schnell aus der Fassung bringen und in Schrecken jagen, wenn in einem prophetischen Wort oder einer Rede oder in einem Brief, der angeblich von uns stammt, behauptet wird, der Tag des Herrn sei schon da."

Zum rechten Verständnis apokalyptischer Aussagen im NT

Ernstnehmen ihrer
Bildhaftigkeit

Der entscheidende Ansatz für das Verständnis der apokalyptischen Aussagen ist das Ernstnehmen ihrer Bildhaftigkeit. Dies ist umso bedeutungsvoller, als die Apokalyptik die christlichen Glaubensvorstellungen geradezu unverhältnismäßig geprägt hat, von Michelangelos „Jüngstem Gericht" in der Sixtinischen Kapelle bis zum „Dies irae, dies illa" der früheren Totenliturgie. Bilder aber dürfen weder wörtlich genommen noch mit konkreten Beschreibungen oder Informationen verwechselt werden. Im einzelnen bedeutet dies:

– Apokalyptische Aussagen sind keine Horrorvision der Zukunft, sondern stellen eine Form der Lebensbewältigung in schwieriger Zeit dar.
– Sie sind darum in erster Linie als appellative und nicht als informative Rede zu interpretieren. Denn sie wollen nicht über Zeit und Verlauf der letzten Ereignisse Auskunft geben, sondern zur Wachsamkeit und zu ethisch gutem Handeln ermahnen.
– Die Bilder, die sie dazu verwenden, sind nicht Selbstzweck, sondern Ausdrucksmittel. Sie haben damit eine dienende, d. h. erläuternde und vor allem veranschaulichende Funktion.
– Diese Bildwelt ist heutigen Leser(innen) recht fremd und bedarf der Erläuterung ihrer Hintergründe bzw. der Übersetzung.

Zitate

„Eschatologische Aussagen, gerade auch der Apokalyptik, können christlich nicht verstanden werden als eine Art prospektiver Erzählungen zukünftig-endgeschichtlicher Ereignisse; denn sie beruhen nicht auf Wahrsagerei oder zusätzlichen ‚Sonderoffenbarungen‘, die grundsätzlich über das in Jesus Christus Geschehene hinausgingen. Ihr hermeneutischer Verstehensraum ist die gegenwärtige Glaubenserfahrung mit Jesus Christus und seinem uns im Geist geschenkten Heil; sie betrachten dieses geschichtlich gekommene und bleibend unter uns wirkende Heil im Modus seiner alle (individuelle, kirchlich-gesellschaftliche und kosmische) Wirklichkeit einbeziehenden und erfüllenden Vollendung. In Jesus Christus hat Gott uns bereits *alles* geschenkt; er hält darüber hinaus nicht noch irgendwelche geheimen Schätze oder ‚Maßnahmen‘ für die Endzeit bereit."[14]

„Christliche Theologie steht damit vor einer doppelten Aufgabe. Erstens hat sie ein Stück ihrer eigenen Tradition neu zur Sprache zu bringen: die biblische Apokalyptik mit ihren starken, zum Teil phantastischen Bildern, in denen sich epochale Ängste Ausdruck verschafften und die zugleich die Kraft hatten, diese Ängste zu verwandeln.
Zweitens aber wird sie darauf hinweisen müssen, daß die klassische Apokalyptik gerade nicht die Hoffnung ablösen, sondern geängstigte Menschen ermutigen wollte, trotz allem zu hoffen. Darin besteht ein entscheidender Unterschied gegenüber einem heute verbreiteten Apokalypse-Bild: Die biblische Apokalyptik malte zwei Phasen aus: katastrophalen Untergang der alten Welt und Gottes Neuanfang

mit einer neuen Welt. Der Akzent ihrer Botschaft lag auf dem zweiten Teil; der erste Teil artikulierte nur eine verbreitete Erfahrung. Beim heute gängigen Reden von Apokalypse wird der zweite Teil meist weggelassen; mit Recht wird sie deshalb ‚kupierte‘ (halbierte) Apokalyptik genannt.“ [15]

Materialien

Bild

Albrecht Dürer (1471–1528): Die Apokalypse, 4. Bild: Die Eröffnung des fünften und sechsten Siegels, Holzschnitt [16]

Zugehörige Bibelstelle: Offb 6, 12–15

Und ich sah: Das Lamm öffnete das sechste Siegel. Da entstand ein gewaltiges Beben. Die Sonne wurde schwarz wie ein Trauergewand, und der ganze Mond wurde wie Blut. Die Sterne des Himmels fielen herab auf die Erde, wie wenn ein Feigenbaum seine Früchte abwirft, wenn ein heftiger Sturm ihn schüttelt. Der Himmel verschwand wie eine Buchrolle, die man zusammenrollt, und alle Berge und Inseln wurden von ihrer Stelle weggerückt. Und die Könige der Erde, die Großen und die Heerführer, die Reichen und die Mächtigen, alle Sklaven und alle Freien, verbargen sich in den Höhlen und Felsen der Berge.

Text

Auszug aus der Petrus-Apokalypse[17]

Die Apokalypse des Petrus, um 135 n.Chr. vermutlich in Ägypten entstanden, ist das älteste nachbiblische Zeugnis über das Geschick des Menschen nach seinem Tod. Die Schrift war in der westlichen wie in der östlichen Kirche weit verbreitet und hatte großen Einfluß auf die Theologie, von der alten Kirche bis hin zu Dante.

Und es wird geschehen am Tage des Gerichtes derer, die abgefallen sind vom Glauben an Gott und die Sünde getan haben: Feuerkatarakte werden losgelassen, und Dunkel und Finsternis wird eintreten und die ganze Welt bekleiden und einhüllen, und die Wasser werden sich verwandeln und gegeben werden in feurige Kohlen und alles in der Erde wird brennen, und das Meer wird zu Feuer werden; unter dem Himmel ein bitteres Feuer, das nicht verlöscht und fließt zum Gericht des Zorns. (...) Und sobald die ganze Schöpfung sich auflöst, werden die Menschen im Osten nach Westen fliehen und die im Westen nach Osten fliehen (...). Und indem eine unverlöschliche Flamme sie treibt, bringt sie sie zum Zorngericht in den Bach unverlöschlichen Feuers (...). Und alle werden sehen, wie ich auf ewig glänzender Wolke komme und die Engel Gottes, die mit mir sitzen werden auf dem Thron meiner Herrlichkeit zur Rechten meines himmlischen Vaters. (...) Und er wird ihnen befehlen, daß sie in den Feuerbach gehen, während die Taten jedes einzelnen vor ihnen stehen. Es wird vergolten werden einem jeden nach seinem Tun.

Skizze

Das apokalyptische Geschichtsbild[18]

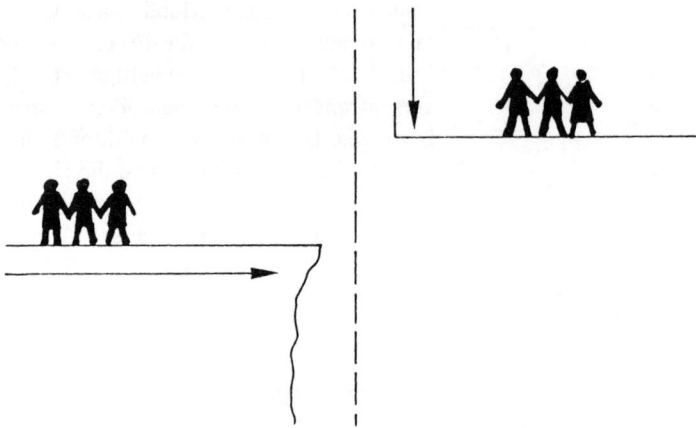

In den Eschata wird die Weltgeschichte abgebrochen. Die alte Welt versinkt; die neue beginnt auf einer anderen Ebene.

Lied

Wenn das Brot, das wir teilen, als Rose blüht

Text: *C. P. März*, Musik: *K. Grahl*, aus: Wenn du singst, sing nicht allein. 250 Lieder für Familie, Gemeinde und Schule, *Hermann-Josef Frisch* (Hg), Patmos Verlag, Düsseldorf 1990, Lied Nr. 216.

Didaktische Anregungen

■ Einstig: *A. Dürer: „Apokalypse"*
▷ Das Bild wird zur Hälfte abgedeckt präsentiert (auf Folie gut möglich), so daß nur die Personen in der unteren Bildhälfte zu sehen sind, nicht aber das, was vom Himmel herab geschieht.
▷ Die Teilnehmer(innen) stellen die untere Bildhälfte als Standbild* nach.
▷ Das ganze Bild wird enthüllt. Die Teilnehmer(innen) suchen (einen) passende(n) Titel dafür.

▷ Im Anschluß wird die zugehörige Bibelstelle vorgelesen. Sofern nötig, können einige ergänzende Hintergrundinformationen gegeben werden (z. B. Öffnen des Siegels usw.).

▧ Textarbeit: Auszug aus der Petrusapokalypse
▷ Die Teilnehmer(innen) vergleichen ihn mit dem Text aus der Johannesapokalypse und zeigen die Parallelen sowie auch die Unterschiede auf.
▷ Von welcher Situation der menschlichen Geschichte spricht dieser Text?

▧ Impuls: Entstehung und Bildersprache der Apokalyptik

▧ Bibelarbeit in Gruppen:
▷ Die Teilnehmer(innen) bekommen gruppenweise wichtige apokalyptische Texte des NT vorgelegt (vgl. Kopiervorlage sowie die genannten synoptischen Apokalypsen).
▷ Auf dem Hintergrund des Impulsreferates markieren sie die hier verwendeten Bilder und Motive.

▧ Unterschiede zwischen dem christlichen und dem apokalyptischen Geschichtsverständnis:
▷ Impuls: Das Geschichtsverständnis der Apokalyptik, illustriert durch die Skizze von *F.-J. Nocke*
▷ Die Teilnehmer vergleichen diese Geschichtskonzeption mit der Reich-Gottes-Botschaft Jesu (vgl. Kopiervorlage) und benennen die Unterschiede.
▷ Sie entwickeln im Gegenzug eine Skizze vom christlichen Geschichtsbild (je für sich oder in Gruppen), bei dem diesseitige und zukünftige Welt nicht einfach getrennt sind, sondern sich durchdringen – dabei gibt es nicht nur eine Lösung, sondern unterschiedliche Varianten sind möglich.

▧ Abschluß: Lied: *„Wenn das Brot, das wir teilen, als Rose blüht"*

2. Vom „Schattenreich" im Alten Testament zur Hoffnung auf Auferstehung

Die Problematik

Die Hoffnung auf ein Weiterleben nach dem Tod erscheint manchen Menschen geradezu als irreale Zumutung, die nicht im Horizont menschlicher Vorstellung angelegt ist, sondern eher „vom Himmel gefallen" scheint. Die Beschäftigung mit dem Auferstehungsglauben innerhalb der jüdisch-christlichen Tradition weist hingegen in eine ganz andere Richtung.

Kein Auferweckungsglaube von Anfang an, sondern allmähliche Entwicklung

Der Gedanke an ein Weiterleben nach dem Tod war gerade im AT – im Unterschied zu den Nachbarvölkern Israels – nicht von vornherein selbstverständlich gegeben. Vielmehr hat er sich im Lauf der Geschichte aufgrund besonderer Erfahrungen und äußerer Umstände Schritt für Schritt entwickelt. Diesen Entwicklungsprozeß im einzelnen zu verfolgen, kann nicht nur eine Hilfe sein für jene, die sich mit der Vorstellung von einem Weiterleben nach dem Tod schwertun. Der alttestamentliche Hintergrund ist auch unerläßlich für das Verständnis und die Einordnung der christlichen Auferstehungshoffnung. Auch wenn die Auferweckung Jesu die entscheidende „Initialzündung" darstellt, müssen wir doch sehr viel früher ansetzen.

Die Scheol: Schattendasein statt Weiterleben nach dem Tode

Das Alte Testament kennt über viele Jahrhunderte hinweg keinen Glauben an ein Weiterleben nach dem Tod. Unmißverständlich faßt dies Jes 26,14 ins Wort:

„Die Toten werden nicht leben, die Verstorbenen stehen nie wieder auf (...); jede Erinnerung an sie hast du getilgt."

Grab, Dunkel, Schweigen, Todesschatten

Zwar kommen nach der gängigen alttestamentlichen Überzeugung die Gestorbenen ins Totenreich, hebräisch: Scheol, was wörtlich soviel wie „Nicht-Land" oder „Un-Land" heißt. Das aber bedeutete gerade kein Weiterleben nach dem Tod, sondern ein Eingehen in die Unterwelt. Deren räumliche Ansiedlung in der „Tiefe" und die Vorstellung des „Hinabfahrens" ergab sich aus der Erfahrung, daß die Toten in eine Grube ins Erdreich gelegt wurden, aus der sie nicht wieder hervorkamen. Die Israeliten dachten sich die Scheol als geschlossenen Raum unter der Erdscheibe in den „Tiefen der Erde" (Ps 63,10), als „tiefstes Grab" (Ps 88,7) und „tiefste Grube" (Ps 55,24), als „finstere Nacht" (Ps 88,7), als „Land des Dunkels und des Todesschattens" (Ijob 10,21), als „Land des Schweigens" (Ps 94,17) und „des Vergessens" (Ps 88,13).

Kein Leben, sondern kraftloses Vor-Sich-Hin-vegetieren

In der Scheol leben die Toten nicht, sondern vegetieren kraftlos und freudlos vor sich hin (Jes 14,10), „denn in der Unterwelt ist kein Genuß mehr zu finden" (Sir 14,16). So führen sie ein Dasein gleich „Schatten" (Ps 88,11).

Koh 9,5f.10: „Die Toten aber erkennen überhaupt nichts mehr. Sie erhalten auch keine Belohnung mehr; denn die Erinnerung an sie ist in Vergessenheit versunken. Liebe, Haß und Eifersucht gegen sie, all dies ist längst erloschen. (...) Denn es gibt weder Tun noch Rechnen noch Können noch Wissen in der Unterwelt, zu der du unterwegs bist."

Alle irdische Macht und Pracht kommt im Totenreich unausweichlich an ein Ende:
Jes 14,11: „Hinabgeschleudert zur Unterwelt ist deine Pracht samt deinen klingenden Harfen. Auf Würmer bist du gebettet, Maden sind deine Decke."

Aus der Scheol gibt es keine Wiederkehr (Ijob 10,21) – und damit keinerlei Hoffnung, das Licht wiederzusehen und mit den Menschen Gemeinschaft zu haben:
Koh 9,6: „Auf ewig haben sie keinen Anteil mehr an allem, was unter der Sonne getan wurde."

Die alttestamentliche Gotteserfahrung: Gott und Leben gehören zusammen

Der Tod als endgültige Trennung von Gott

Der Tod bedeutete nicht nur das Ende aller Gemeinschaft mit den Lebenden, sondern vor allem die totale Trennung von Gott. Das – und nicht das biologische Lebensende als solches – machte den Tod auch so beklagenswert:

Ps 88,5f: „Ich bin zu den Toten hinweggerafft, wie Erschlagene, die im Grabe ruhen; an sie denkst du nicht mehr, denn sie sind deiner Hand entzogen."

Der Abbruch der Gottesbeziehung durch den Tod wird, nicht zuletzt in den Psalmen, durch den Topos zum Ausdruck gebracht, daß die Toten Gott nicht mehr loben und danken können:

Jes 38,11.18: „Ich darf den Herrn nicht mehr schauen im Land der Lebenden, keinen Menschen mehr sehen bei den Bewohnern der Erde. (...) Ja, in der Unterwelt dankt man dir nicht, die Toten loben dich nicht; wer ins Grab gesunken ist, kann nichts mehr von deiner Güte erhoffen."

Ps 6,6: „Denn bei den Toten denkt niemand mehr an dich. Wer wird dich in der Unterwelt noch preisen?"

Ps 88,11: „Wirst du an den Toten Wunder tun, werden Schatten aufstehen, um dich zu preisen? Erzählt man am Grab von deiner Huld, von deiner Treue im Totenreich?"

Ps 115,17: „Tote können den Herrn nicht mehr loben, keiner, der ins Schweigen hinabfuhr."

Jahwe ist ein Gott der Lebenden

Daß Gott nicht mit den Toten und dem Totenreich in Verbindung gebracht wurde, hing wesentlich an der alttestamentlichen Gotteserfahrung: Gott wurde erlebt und erfahren als ein Gott des Lebens und damit als ein Gott für die Lebenden. Wo Jahwe war, war Leben. Das aber bedeutete umgekehrt: Wo Tod war, dort konnte Gott nicht sein. Hätte Gott auch mit den Toten Gemeinschaft, wäre das Totenreich nicht mehr das Totenreich. Darüber hinaus spielte auch eine Rolle, daß sich Israel vom Totenkult seiner Nachbarvölker abzusetzen suchte, in dem es eine Konkurrenz zum Glauben an Jahwe als dem einzigen Herrn des Lebens sah.

Hoffnung über den Tod hinaus im Bestand des Namens, der Nachkommenschaft und der Sippe

Dies bedeutete freilich keineswegs, daß es in Israel nicht auch eine Hoffnung über den Tod hinaus gegeben hätte. Nur richtete sie sich in einer Zeit, in der nicht der einzelne, sondern das Volk und der Stamm im Mittelpunkt des Denkens stand, nicht auf das individuelle Weiterleben. Entscheidend war vielmehr das Fortleben in den eigenen Nachkommen, der Bestand des eigenen Namens und vor allem der Bestand der Gemeinschaft, der Gott auch in Zukunft Schutz und Heil zukommen lassen sollte. Dies alles war viel bedeutungsvoller als das eigene Schicksal nach dem Tod.

Alttestamentliche Zeugnisse

Sir 41,11-13: „Ein Hauch ist der Mensch dem Leibe nach, doch der Name des Frommen wird nicht getilgt. Sei besorgt um deinen Namen; denn er begleitet dich treuer als tausend kostbare Schätze. Das Gut des Lebens währt zählbare Tage, das Gut des Namens unzählige Tage."

Sir 44,13f: „Bei ihren Nachkommen bleibt ihr Gut, ihr Erbe bei ihren Enkeln. Ihre Nachkommen halten fest an ihrem Bund und ebenso ihre Kinder, um der Väter willen. Ihre Nachkommen haben für immer Bestand, ihr Ruhm wird niemals ausgelöscht. Ihr Leib ist in Frieden bestattet, ihr Name lebt fort von Geschlecht zu Geschlecht."

Spr 10,7: „Das Andenken des Gerechten ist gesegnet, der Name der Frevler vermodert."

Exkurs: „Hinabgestiegen in das Reich des Todes"

Wenn das Apostolische Glaubensbekenntnis davon spricht, daß Jesus „hinabgestiegen (ist) in das Reich des Todes", so knüpft es an die alttestamentliche Tradition von der Scheol an.

Neutestamentliche Hinweise auf das Totenreich

Im einzelnen kann es sich dabei auf folgende neutestamentliche Texte stützen, die zwar den Begriff „Totenreich" selbst nicht verwenden, aber doch in verschiedenen Umschreibungen darauf hinweisen:

– Mt 12,40: „Denn wie Jona drei Tage und drei Nächte im Bauch des Fisches war, so wird auch der Menschensohn drei Tage und drei Nächte im Innern der Erde sein."
– Röm 10,6f: „Sag nicht in deinem Herzen: Wer wird in den Himmel hinaufsteigen? Das hieße: Christus herabholen. Oder: Wer wird in den Abgrund hinabsteigen? Das hieße: Christus von den Toten heraufführen."
– Eph 4,9: „Wenn er aber hinaufstieg, was bedeutet dies anderes, als daß er auch zur Erde herabstieg? Derselbe, der herabstieg, ist auch hinaufgestiegen bis zum höchsten Himmel, um das All zu beherrschen."
– 1 Petr 3,19: „So ist er auch zu den Geistern gegangen, die im Gefängnis waren, und hat ihnen gepredigt."

Der Abstieg ins Totenreich: Hintergrund der Botschaft von der Auferweckung

Der Hinabstieg ins Totenreich unterstreicht und bekräftigt zum einen, daß Jesus wahrhaft und wirklich tot war. Denn wer ins Totenreich einging, konnte nach damaliger Vorstellung auf keinen Fall mehr lebendig sein. Auf dem Hintergrund dieses Glaubensartikels konnte die Botschaft von der Auferweckung dann voll und ganz zum Leuchten kommen. Zum anderen klingt in der Rede vom „Hinabsteigen" an, daß Jesus auch die Leere, Einsamkeit und Gottverlassenheit der Scheol erfahren hat. Die Kreuzesworte „Gott, mein Gott, warum hast du mich verlassen?" (Mk 15,33) weisen in die gleiche Richtung.

Die Anfänge des Auferstehungsglaubens im frühen Judentum

Eine Hoffnung entwickelt sich: Gott hat Macht über den Tod hinaus

Als im Lauf des zweiten vorchristlichen Jahrhunderts die politische Situation für Israel unter der Fremdherrschaft der Perser immer unerträglicher wurde, bildete sich allmählich die Hoffnung heraus, daß Gottes Macht über den Tod hinausreicht. Eben weil Jahwe als Gott des Lebens erfahren worden war, konnte sich die Überzeugung festigen, daß der Tod ihm keine Grenze setze, sondern daß seine Heilsmacht auch die Toten umfaßt.

Einen wesentlichen Anteil an diesem Prozeß hatte die Apokalyptik. Denn mit der Erwartung des neuen Äons verband sich zwangsläufig die Hoffnung auf ein Weiterleben über das irdische Leben des einzelnen hinaus.

Alttestamentliche Zeugnisse

1 Sam 2,6: „Der Herr macht tot und lebendig, er führt zum Totenreich hinab und führt auch herauf."

Weish 16,13: „Du hast Gewalt über Leben und Tod; du führst zu den Toren der Unterwelt hinab und wieder hinauf."

Ps 139,8: „Steige ich hinauf in den Himmel, so bist du dort; bette ich mich in die Unterwelt, bist du zugegen."

Spr 15,11: „Totenreich und Unterwelt liegen offen vor dem Herrn (...)."

Ps 49,16: „Doch Gott wird mich loskaufen aus dem Reich des Todes, ja, er nimmt mich auf."

Ps 73, 23.f: „Ich aber bleibe immer bei dir, du hältst mich an meiner Rechten. Du leitest mich nach deinem Ratschluß und nimmst mich am Ende auf in Herrlichkeit."

Jes 25,8: „Er beseitigt den Tod für immer."

Die Hoffnung auf ausgleichende Gerechtigkeit

Die Hoffnung auf ein Weiterleben nach dem Tod wurde wesentlich genährt von der Erwartung, daß es jenseits des Todes eine Vergeltung des Bösen bzw. eine Belohnung des Guten gebe möge. Dieser Gedanke wurde besonders im Blick auf jene immer wichtiger, die als Märtyrer für ihren Glauben in den Tod gingen. Da es ganz offensichtlich im irdischen Leben keinen Ausgleich für Leid und erlittenes Unrecht gab, wurde die Hoffnung auf die ausgleichende Gerechtigkeit Jahwes, die den Gesetzestreuen nicht untergehen läßt, zu einem zentralen Moment.

Alttestamentliche Zeugnisse

Diese Hoffnung spiegeln besonders die Makkabäerbücher wieder, die vom Kampf der Juden gegen die Seleukiden zeugen:

2 Makk 7,9: „Als er in den letzten Zügen lag, sagte er: ,Du Unmensch! Du nimmst uns dieses Leben; aber der König der Welt wird uns zu einem neuen Leben auferwecken, weil wir für seine Gesetze gestorben sind.'"

2 Makk 7,23: „Er gibt euch gnädig Atem und Leben wieder, weil ihr jetzt um seiner Gesetze willen nicht auf euch achtet."

Derselbe Gedanke begegnet mehrfach auch im Buch der Weisheit:
Weish 3,1.4: „Die Seelen der Gerechten sind in Gottes Hand, und keine Qual kann sie berühren. (...) In den Augen der Menschen wurden sie gestraft, doch ihre Hoffnung ist voll Unsterblichkeit."

> Weish 4,7: „Der Gerechte aber, kommt auch sein Ende früh, geht in Gottes Ruhe ein."
>
> Weish 5,15: „Die Gerechten aber leben in Ewigkeit, der Herr belohnt sie, der Höchste sorgt für sie."

Jedoch keine einheitliche Vorstellung

Gleichzeitig neben der Hoffnung auf eine Auferstehung bleibt freilich in einigen alttestamentlichen Schriften das Bewußtsein vom endgültigen Abschied durch den Tod und von der Trostlosigkeit der Scheol erhalten:
– Ijob 10,21: „Laß ab von mir, damit ich ein wenig heiter blicken kann, bevor ich fortgehe ohne Wiederkehr (...)."
– Koh 3,19: „Denn jeder Mensch unterliegt dem Geschick, und auch die Tiere unterliegen dem Geschick. Sie haben ein und dasselbe Geschick. Wie diese sterben, so sterben jene. Beide haben ein und denselben Atem. Einen Vorteil des Menschen gegenüber dem Tier gibt es nicht."

Die Erwartung der Auferstehung in der Endzeit

Ganz im Sinne der Apokalyptik erwartete das frühe Judentum die Auferstehung der Toten nicht in dieser Welt, sondern mit dem Anbruch der Endzeit. In den neuen Äon sind die Verstorbenen mit einbezogen. Denn wenn der neue Äon wirklich den universalen Anbruch des Heils bedeutet, dann müssen auch die verstorbenen Gerechten zu ihm gehören.

Alttestamentliche Zeugnisse

> Der erste biblische Text, der in diesem Kontext von Auferstehung spricht, ist Dan 12,1f:
> „In jener Zeit tritt Michael auf, der große Engelsfürst (...). Dann kommt eine Zeit der Not, wie noch keine da war, seit es Völker gibt, bis zu jener Zeit. Doch dein Volk wird in jener Zeit gerettet, jeder, der im Buch verzeichnet ist. Von denen, die im Land des Staubes schlafen, werden viele erwachen, die einen zum ewigen Leben, die anderen zur Schmach, zu ewigem Abscheu."
>
> Vgl. auch Dan 12,13: „Du wirst ruhen, und am Ende der Tage wirst du auferstehen, um dein Erbteil zu empfangen."

> Entsprechend war im Judentum zur Zeit Jesu die Hoffnung auf die Auferstehung der Toten durchaus verbreitet. Exemplarisch spricht sie Martha von Betanien angesichts ihres toten Bruders Lazarus aus:
> Joh 11,24: „Ich weiß, er wird auferstehen bei der Auferstehung am Jüngsten Tage."

Die Zukunftshoffnung Jesu

Auferweckung ist kein eigenes Thema ...

Es fällt auf, daß in der Botschaft des irdischen Jesus die Rede von Tod und Auferstehung keine besondere Rolle spielt. Dies liegt wesentlich daran, daß Jesus so erfüllt war von der Vorstellung der baldigen Vollendung der Gottesherrschaft, daß für ihn schlichtweg keine Notwendigkeit bestand, diese Fragen ausführlich zu thematisieren.

... sondern wird vorausgesetzt

Dabei besteht kein Zweifel, daß Jesus mit einer Auferstehung der Toten fest gerechnet hat:
– Mt 8,11: „Ich sage euch: Viele werden von Osten und Westen kommen und mit Abraham, Isaak und Jakob im Himmelreich zu Tisch sitzen (...)."

Im Streitgespräch mit den theologisch konservativen Sadduzäern, die die Auferstehung ablehnten, weil für sie nur die alte Glaubensüberlieferung Geltung hatte, beruft sich Jesus ausdrücklich auf die Auferstehung im Namen Gottes als einen Gott der Lebenden:
– Mk 12,26f: „Daß aber die Toten auferstehen, habt ihr das nicht im Buch des Mose gelesen, in der Geschichte vom Dornbusch, in der Gott zu Mose spricht: Ich bin der Gott Abraham, der Gott Isaaks und der Gott Jakobs? Er ist doch nicht ein Gott von Toten, sondern Lebenden."

Zitate

„Gerade weil wir das Leben lieben, lassen wir uns die Hoffnung nicht nehmen, daß all das Gute, all das Leben und Lieben nicht in eine letzte Vergeblichkeit versinken. *Liebe* also auch *zum Leben nach dem Tod*, denn Liebe zum Leben ist unteilbar! Wir sind gewiß nicht auf Erden, *um* dereinst in den Himmel zu kommen. Wir sind auf Erden, um auf Erden menschlich zu leben, und das heißt: um hier und jetzt menschlich, wahrhaft menschlich, christlich zu leben.

Aber gerade weil wir das Leben *vor dem Tod* lieben, hoffen wir auf ein Leben *nach dem Tode*: als der großen Alternative. Besser gesagt: dürfen wir – das ist unsere große Möglichkeit, Chance, Gnade – auf ein Leben nach dem Tod hoffen. Gerade weil wir das Leben hier bejahen, lassen wir uns die Hoffnung auf ein ewiges Leben nicht nehmen, ja wehren wir uns gegen die Mächte des Todes, wo die Negativitäten in diesem Leben überhand zu nehmen drohen: Resignation, Verzweiflung, Zynismus. (...) Gerade wer dieses Leben bejaht und an diesem Leben leidet, der ist mit der Frage einer letzten Transzendenz, einer absoluten Zukunft unausweichlich konfrontiert."[19]

„Inwiefern sind die Jenseitsaussagen des alten Israel für Christen relevant?
Wir müssen die Frage nach dem Schicksal der Toten selbstverständlich vom Christusgeschehen, vom Neuen Testament her beantworten. Die Auferstehung Jesu ist Garantie und Versprechen unserer eigenen Auferstehung. (...) Wir dürfen allerdings nicht erwarten, daß alle Menschen, nicht einmal alle Christen, schon auf dem Höhepunkt des Alten Testaments oder gar des Neuen Testaments angelangt sind, zumal nicht einmal für das alte Israel eine geradlinige Entwicklung von den Scheolvorstellungen zum Unsterblichkeitsglauben festzustellen ist. Auch heute gibt es ‚Zeitgenossen', die, ähnlich wie lange Zeit der alttestamentliche Mensch, ohne Gedanken an einen jenseitigen Lohn gut leben; innerhalb und erst recht außerhalb der Christenheit gibt es Menschen, die näher bei den Auffassungen Kohelets stehen als beim Glauben des Weisheitsbuches. Die parallele Überlieferung von positiven Jenseitserwartungen (Auferstehung) und negativen Jenseitsvorstellungen (Scheol) in der Spätzeit des Alten Testaments (...), die gleichzeitige Spannung zwischen Tod als drohendem Untergang und Hoffnung auf ein gutes Jenseits entspricht den menschlichen – auch christlichen – Empfindungen, wenn wir uns mit dem Tod und dem Jenseits beschäftigen. Das alte Israel verkündet – dies ist bedenkenswert – das ewige Leben erst am Ende und fast etwas zögernd."[20]

Materialien

Text

B. Brecht: Gegen Verführung [21]

Laßt euch nicht verführen!
Es gibt keine Wiederkehr.
Der Tag steht in den Türen;
Ihr könnt schon Nachtwind spüren:
Es kommt kein Morgen mehr.

Laßt euch nicht betrügen!
Das Leben wenig ist.
Schlürft es in schnellen Zügen!
Es wird euch nicht genügen,
wenn ihr es lassen müßt!

Laßt euch nicht vertrösten!
Ihr habt nicht zuviel Zeit!
Laßt Moder den Erlösten!
Das Leben ist am größten:
Es steht nicht mehr bereit.

Laßt euch nicht verführen
Zu Fron und Ausgezehr!
Was kann euch Angst noch rühren?
Ihr sterbt mit allen Tieren
Und es kommt nichts nachher.

Lied und Tanz

Herr, du hast mein Klagen in Tanzen verwandelt (Ps 30,12.13) [22]

Herr, du hast mein Kla-gen in Tan-zen ver-wandelt. Herr, du
hast mich be - glei-tet mit Freu-de und Ju-bel. Dir singt mein
Herz und es wird nicht ver - stum-men. Herr, mein Gott,
dir sei Preis und Dank in E - wig - keit.

Ausgangsstellung: Kreisform, hockend

Herr, du hast mein Klagen in

Die Tanzenden drehen sich von der Hocke ausgehend um sich selber bis sie aufrecht stehen, die Arme trichterförmig nach oben ausgebreitet.

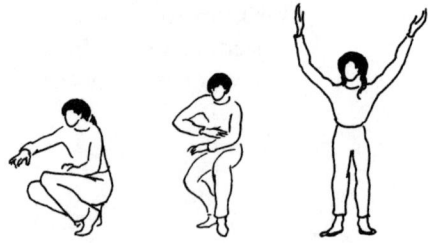

Tanzen verwandelt

Arme oben lassen, im Rhythmus des Liedes das Körpergewicht abwechselnd auf beiden Beinen verlagern und dabei leicht mit dem ganzen Körper mitwiegen.

Herr, du hast mich begleitet mit Freude und Jubel

Immer zwei Tanzende sind zusammen, die ihre rechte Hand auf die rechte Schulter ihres Partners legen. Die linken Hände werden über den Köpfen zu einem Bogen zusammengelegt. Die Paare drehen sich um sich selbst.

Dir singt mein Herz

Wieder in die Kreislinie treten, nach außen schauen, mit den Händen eine Schale in Brusthöhe bilden und nach oben heben.

Und es will nicht verstummen

Eine Halbdrehung machen, so daß alle wieder zur Kreismitte hinschauen. Die Arme herunternehmen und dann schwungvoll nach oben heben zur Kreismitte hin.

Herr, mein Gott, dir sei Preis und Dank in Ewigkeit

Die Hände werden durchgefaßt, und der Kreis dreht sich mit folgendem Tanzschritt nach rechts:
auf 3: Rechter Fuß nach rechts setzen.
auf 4: Linker Fuß hinter dem rechten überkreuzen.
auf 1: Rechter Fuß nach rechts setzen.
auf 2: Linker Fuß vor dem rechten überkreuzen.

Didaktische Anregungen

- ▨ Einstieg: Gedicht von *Bert Brecht: „Gegen Verführung"*
- ▷ Jede(r) Teilnehmer(in) erhält das Gedicht in Kopie und markiert die für sie/ ihn fünf wichtigsten Schlüsselbegriffe; anschließend werden sie vorgelesen.
- ▷ Wie wirkt der Text: traurig, trotzig, hoffnungslos, provozierend etc.?

- ▨ Auf einem großen Plakat steht der Satz: „Die Toten werden nicht leben, die Verstorbenen stehen nie wieder auf."
- ▷ Die Teilnehmer(innen) schreiben schweigend ihre persönliche Reaktion dazu: als Antwort, Kommentar, Frage etc.
- ▷ Erst jetzt wird dieser Satz als biblisches Zitat enthüllt (Jes 26,14).

- ▨ Impuls: Das AT kennt über viele Jahrhunderte keine Hoffnung über den Tod hinaus

- ▨ Bibelarbeit in 3 Gruppen:
- ▷ Anhand ausgewählter biblischer Texte (vgl. Kopiervorlagen) erarbeiten die Teilnehmer(innen) das Schattendasein in der Scheol (1. Gruppe), das alttestamentliche Verständnis des Todes als Trennung von Gott (2. Gruppe) und die Gestalten der alttestamentlichen Zukunftshoffnung (3. Gruppe).
- ▷ Die Teilnehmer(innen) versetzen sich in die Situation der Menschen im AT und schreiben einen Klagepsalm*, in dem am Ende die Hoffnung auf die Überwindung des Todes durch Gott anklingt.

- ▨ Kreatives Schreiben: Was wäre, wenn nach dem Tod alles aus wäre?:
- ▷ Alle Teilnehmer(innen) bekommen ein Blatt mit der Überschrift: „Wenn nach dem Tod alles aus wäre, dann ..."
- ▷ Jede(r) ergänzt für sich diesen Anfang durch möglichst viele Sätze.
- ▷ Die Blätter werden auf einer Pinnwand angeheftet und so allen zugänglich gemacht.

- ▨ Impuls: (mit Hilfe der Kopiervorlagen): Die Herausbildung der Auferstehungshoffnung im frühen Judentum

▓ Austauschrunde:
– Welche Erfahrungen führten im AT zu einer Hoffnung, die über den Tod hinausreicht?
– Welche dieser Erfahrungen sind für uns heute noch tragend?

▓ Abschluß: Tanz: *„Herr, du hast mein Klagen in Tanzen verwandelt"*

3. Der Grund unserer Hoffnung: Die Auferweckung Jesu

Die Problematik

Vielen Menschen erscheint die christliche Hoffnung auf ein Weiterleben nach dem Tod als schlechthinnige Projektion, als bloßes Wunschdenken, um die Angst vor dem Tod zu überwinden und ihm seinen Schrecken zu nehmen.

Die Auferweckung Jesu als Dreh- und Angelpunkt der christlichen Hoffnung

Dabei wird leicht übersehen, daß die christliche Hoffnung auf die Überwindung des Todes einzig und allein in der Erfahrung der Auferweckung Jesu gründet. Sie ist der Dreh- und Angelpunkt; mit ihr steht und fällt nicht nur die christliche Zukunftshoffnung, sondern das Christentum überhaupt, wie Paulus richtig erkannt hat: „Ist aber Christus nicht auferweckt worden, dann ist unsere Verkündigung leer und euer Glaube sinnlos. Wir werden dann auch als falsche Zeugen Gottes entlarvt (...). Wenn aber Christus nicht auferweckt worden ist, dann ist euer Glaube nutzlos, und ihr seid immer noch in euren Sünden; und auch die in Christus Entschlafenen sind dann verloren. Wenn wir unsere Hoffnung nur in diesem Leben auf Christus gesetzt haben, sind wir erbärmlicher daran als alle anderen Menschen." (1 Kor 15,14f.17f.)

Das „spezifisch Christliche"

Eben diese Verankerung in Christus ist das „spezifisch Christliche", das den Unterschied zu verschiedenen anderen Jenseitskonzepten begründet. Wo der Zugang zur Auferweckung Jesu fehlt, wird ein Nachvollziehen der christlichen Auferstehungshoffnung schwierig. Aus diesem Grund soll die Botschaft von der Auferweckung in besonderer Weise in den Blick genommen werden.

Kein „Beweis", sondern Gegenstand des Glaubens

Kein Geschehen in Raum und Zeit

Die Auferweckung Jesu vom Tod ist als historisches Ereignis nicht fassbar. Dies beginnt schon damit, daß es für den eigentlichen „Vorgang" keine Zeugen gibt – die Frauen bezeugen nur das leere Grab. Doch auch wenn jemand bei der Auferstehung selbst anwesend gewesen wäre, hätte nicht einmal eine Video-Aufzeichnung das, was der christliche Glaube Auferstehung nennt, wiedergeben können. Denn sie ist gerade kein Geschehen, das sich an einem bestimmten Ort und zu einer bestimmten Zeit ereignete. Sie ist auch kein Geschen, das sich in Analogie mit der übrigen Wirklichkeit erklären ließe. Das NT stellt sie als einmaliges Ereignis dar, das sich von allen sonst erzählten Auferweckungen unterscheidet und keine Vergleichsmöglichkeiten kennt.

Eine metahistorische Dimension der Wirklichkeit

Von der Auferstehung zu sprechen, macht nur dann Sinn, wenn eine metahistorische Dimension der Wirklichkeit Anerkennung findet, die über das geschichtlich Erfahrbare und das faktisch Greifbare hinausgeht. Die Frage nach der Tatsächlichkeit der Auferstehung stellt darum letztlich eine einseitige Verengung dar; sie wird aus theologisch falscher Perspektive gestellt. Denn die Auferstehung ist keine Tatsache, die man als Beweis für den Glauben anführen kann. Sie ist vielmehr selbst Gegenstand des Glaubens.

Metaphorische Sprache

Das Geschehen der Auferweckung läßt sich nur in Bildern ausdrücken

Das, was bei der Auferweckung geschieht, ist im Grunde mit den herkömmlichen Mitteln unserer Sprache „unsagbar". Denn es sprengt die Dimensionen von Raum und Zeit und übersteigt den innerweltlichen Erfahrungshorizont. Aus gutem Grunde greift das NT darum zu bildhaften Umschreibungen und Metaphern. Sämtliche der für dieses Geschehen verwendeten Begriffe haben metaphorischen Charakter: „Auferweckung" als Bild für das „Aufgewecktwerden" vom Schlaf, mit dem der Tod häufig verglichen wird (vgl. auch die „Entschlafenen"), „Auferstehung" als Bild für das „Aufstehen" aus dem Grab. Insofern „Auferstehung" kein Geschehen aus eigener Kraft, sondern das Werk Gottes ist, trifft die passivische Umschreibung „auferwecktwerden" das Gemeinte besser als das aktive „auferstehen".

Verschiedene Metaphern

Sind uns die Begriffe „Auferstehung" und „Auferweckung" gewissermaßen in Fleisch und Blut übergegangen und vielfach so vertraut, daß wir ihre Bildhaftigkeit oft gar nicht mehr realisieren, führen die weniger gebräuchlichen Wendungen im NT für dieses Geschehen den metaphorischen Charakter stärker vor Augen: „lebendig machen" (1 Petr 3,18), „zum Vater gehen" (Joh 14,2.28; 16,10.17.28); „erhöhen" (Apg 2,33; 5,31; Phil 2,9), „heraufführen" (Röm 10,7; Hebr 13,20), „verherrlichen" (Joh 7,39; 12,16.23.28; 17,1.5), „mit Unvergänglichkeit bekleiden" (1 Kor 15,53), „mit dem himmlischen Haus überkleidet" werden (2 Kor 5,2), den Tod „verschlingen" (1 Kor 15,54).

Die theologische Bedeutung der Auferweckung

Machttat Gottes

Das NT versteht die Auferweckung konsequenterweise als das alleinige Werk Gottes, ja als die Heilstat Gottes schlechthin. Hier wird endgültig offenbar, daß Gottes Macht über den Tod hinausreicht. Was sich im AT als Hoffnung ankündigt, wird hier bestätigt, ja geradezu überboten:

Röm 10,9: „Gott hat ihn von den Toten auferweckt."

1 Kor 15,57: „Gott aber sei Dank, der uns den Sieg geschenkt hat."

Röm 4,17: „Nach dem Schriftwort (...) ist er unser aller Vater vor Gott, dem er geglaubt hat, dem Gott, der die Toten lebendig macht (...)."

Joh 5,21: „Denn wie der Vater die Toten auferweckt und lebendig macht, so macht auch der Sohn lebendig, wen er will."

Hebr 11,19: „Er verließ sich darauf, daß Gott sogar die Macht hat, Tote zum Leben zu erwecken (...)."

Die endgültige Überwindung des Todes

Die Auferweckung Jesu bedeutet gerade nicht seine Rückkehr in diese Welt, sondern die endgültige Überwindung des Todes:

Röm 6,9: „Wir wissen, daß Christus, von den Toten auferweckt, nicht mehr stirbt; der Tod hat keine Macht mehr über ihn."

Apg 13,34: „Daß er ihn aber von den Toten auferweckt hat, um ihn nicht mehr zur Verwesung zurückkehren zu lassen (...)."

Jesus kehrt nicht in das irdische Leben in dieser Welt zurück. Er nimmt eine ganz neue Seinsweise an, die nur bildhaft durch die zuvor genannten Metaphern umschrieben werden kann.

Die Auferweckung des einen als Grund der Hoffnung für alle

Die Auferweckung Jesu ist nicht der „Ausnahmefall" für einen einzelnen, sondern Grund der Hoffnung für alle. Weil Gott ihn vom Tod auferweckt hat, darum dürfen auch wir auf die Überwindung des Todes hoffen. Christus ist nicht der einzige, sondern „der erste der Entschlafenen" (1 Kor 15,20). Weil dieser „erste" lebt, werden alle Leben über den Tod hinaus haben, die sich auf ihn einlassen und an ihn glauben:

---

1 Thess 4,13f: „Brüder und Schwestern, wir wollen euch über die Verstorbenen nicht in Unkenntnis lassen, damit ihr nicht trauert wie die anderen, die keine Hoffnung haben. Wenn Jesus – und das ist unser Glaube – gestorben und auferstanden ist, dann wird Gott durch Jesus auch die Verstorbenen zusammen mit ihm zur Herrlichkeit führen."

1 Kor 6,14: „Gott hat den Herrn auferweckt; er wird durch seine Macht auch uns auferwecken."

1 Kor 15, 12-14.20: „Wenn aber verkündigt wird, daß Christus von den Toten auferweckt worden ist, wie können dann einige von euch sagen: Eine Auferstehung der Toten gibt es nicht? Wenn es keine Auferstehung der Toten gibt, ist auch Christus nicht auferweckt worden. Ist aber Christus nicht auferweckt worden, dann ist unsere Verkündigung leer und euer Glaube sinnlos. (...) Nun aber i s t Christus von den Toten auferweckt worden als der Erste der Entschlafenen."

2 Kor 4,14: „Denn wir wissen, daß der, welcher Jesus, den Herrn, auferweckt hat, auch uns zusammen mit Jesus auferwecken und uns zusammen (mit euch) vor sein Angesicht stellen wird."

Röm 8,11: „Wenn der Geist dessen in euch wohnt, der Jesus von den Toten auferweckt hat, dann wird er, der Christus Jesus von den Toten auferweckt hat, auch euren sterblichen Leib lebendig machen durch den Geist, der in euch wohnt."

Röm 14,9: „Denn Christus ist gestorben und lebendig geworden, um Herr zu sein über Tote und Lebende."

Gemeinsamkeiten und Unterschiede zur jüdischen Auferstehungshoffnung

Die christliche Auferstehungshoffnung ist nicht einfach eine Weiterentwicklung der jüdisch-apokalyptischen Hoffnung. Zwar baut sie insofern auf ihr auf und bekräftigt sie, als sie kaum denkbar gewesen wäre ohne die im Judentum allmählich gewachsene Einsicht, daß Gott Macht hat über das irdische Leben hinaus. Das Vertrauen in Gott, der sein Ja zum Leben nicht zurücknimmt, sondern gerade an der entscheidenden Grenze zum Tod durchhält, sahen die ersten Christen in der Auferweckung Jesu auf unüberbietbare Weise bestätigt.

Andererseits aber unterscheidet sich der christliche Erweckungsglaube fundamental vom jüdischen. Denn er erhofft die Auferweckung vom Tod nicht erst am Ende dieser Zeit, nach einem längeren Wartezustand, sondern hier und jetzt. Die Auferweckung *ist* der Anfang der allgemeinen Auferweckung von den Toten und damit der Beginn einer neuen Zeit. Was die Juden bis heute für die Zukunft erwarten, ist nach christlicher Überzeugung bereits eingetreten.

Das Miteinander von präsentischer und futurischer Zukunftshoffnung

Die Auferweckung beginnt hier und jetzt

Für das NT ist es keine Frage, daß die Auferstehung nicht erst nach dem Tod des Menschen Wirklichkeit wird, sondern in diesem Leben hier und jetzt beginnt – nämlich mit dem Glauben an Jesus Christus:

2 Kor 6,2: „Denn es heißt: Zur Zeit der Gnade erhöre ich dich, am Tag der Rettung helfe ich dir. Jetzt ist sie da, die Zeit der Gnade; jetzt ist er da, der Tag der Rettung."

Vor allem im Johannesevangelium wird der gegenwärtige Besitz des ewigen Lebens stark betont:
5,24: „Wer mein Wort hört und dem glaubt, der mich gesandt hat, hat das ewige Leben (...)."
11,25: „Ich bin die Auferstehung und das Leben."

Auf dieser Linie liegen auch die Aussagen in 1 Joh, 3,14:
„Wir wissen, daß wir aus dem Tod in das ewige Leben hinübergegangen sind, weil wir die Brüder lieben."

Auch im Kolosser- und im Epheserbrief tritt der Gegenwartsaspekt stark in den Vordergrund:
Kol 3,1: „Ihr seid mit Christus auferweckt; darum strebt nach dem, was im Himmel ist (...)."

Eph 5,6: „Er hat uns mit Christus auferweckt und uns zusammen mit ihm einen Platz im Himmel gegeben."

Weil das Bekenntnis zu Jesus Christus in der Taufe zeichenhaft-sichtbar zum Ausdruck kommt, machen die beiden Briefe die Auferstehung darum aus gutem Grund an der Taufe fest:
Kol 2,12: „Mit Christus wurdet ihr in der Taufe begraben, mit ihm auch auferweckt, durch den Glauben an die Kraft Gottes, der ihn von den Toten auferweckt hat."

Ähnlich heißt es in dem alten Tauflied in Eph 5,14:
„Wach auf, du Schläfer, und steh auf von den Toten, und Christus wird dein Licht sein."

Wo ein Mensch an Christus glaubt, sich mit seiner ganzen Existenz auf ihn einläßt und ihm nachfolgt, da hat Auferstehung bzw. das neue Leben mit Gott bereits begonnen.

Die Hoffnung auf die zukünftige Auferstehung bleibt

Die Überwindung des Todes, die hier und jetzt im Glauben an Jesus Christus geschieht, schließt freilich die Hoffnung auf eine zukünftige Auferstehung gerade nicht aus, sondern ein. Denn nach dem Tod wird das sichtbar, was jetzt schon Wirklichkeit ist. Und umgekehrt: Was nach dem Tod geschieht, wird bereits in diesem Leben entschieden. Die Theologie spricht darum von einem Nebeneinander von präsentischer (gegenwärtiger) und futurischer (auf die Zukunft gerichteter Zukunftshoffnung) bzw. von präsentischer und futurischer Eschatologie.

Joh 5,25 bringt diese Wechselbeziehung auf den Punkt: „Die Stunde kommt, und sie ist schon da, in der die Toten die Stimme des Sohnes Gottes hören werden; und alle, die sie hören, werden leben."

Die Entsprechung zur Reich-Gottes-Botschaft Jesu

Das Neben- und Miteinander von präsentischer und futurischer Hoffnung entspricht ganz und gar der Reich-Gottes-Verkündigung Jesu. Jesus hat nicht nur die zukünftige Gottesherrschaft, sondern gleichermaßen ihre Nähe verkündet: Sie ist jetzt und hier, nämlich in der Person Jesu schon angebrochen – und zugleich steht ihre Vollendung noch aus.

Die Hoffnung auf das ewige Leben

Mit der Hoffnung auf die Überwindung der Macht des Todes in der Auferweckung verbindet Jesus – ebenso wie das Judentum – die Hoffnung auf das „ewige Leben":

Neutestamentliche Zeugnisse

Mk 10,17 (parr Lk 10,25): „Als sich Jesus wieder auf den Weg machte, lief ein Mann auf ihn zu, fiel vor ihm auf die Knie und fragte ihn: Guter Meister, was muß ich tun, um das ewige Leben zu gewinnen?"

Mk 10,30: „Jetzt in dieser Zeit wird er Häuser, Brüder, Schwestern, Mütter, Kinder und Äcker erhalten, wenn auch unter Verfolgungen, und in der kommenden Welt das ewige Leben."

Mt 25,46: „Und sie werden weggehen und die ewige Strafe erhalten, die Gerechten aber das ewige Leben."

Joh 5,24: „Amen, amen, ich sage euch: Wer mein Wort hört und dem glaubt, der mich gesandt hat, hat das ewige Leben (...)."

Joh 12,49f: „Denn was ich gesagt habe, habe ich nicht aus mir selbst, sondern der Vater, der mich gesandt hat, hat mir aufgetragen, was ich sagen und reden soll. Und ich weiß, daß sein Auftrag ewiges Leben ist."

Röm 6,23: „Denn der Lohn der Sünde ist der Tod, die Gabe Gottes aber ist das ewige Leben in Christus Jesus, unserem Herrn."

Tit 3,7: „(...) damit wir durch seine Gnade gerecht gemacht werden und das ewige Leben erben, das wir erhoffen."

„Leben" als Inbegriff der Fülle

Wenn in diesen Stellen vom „Leben" die Rede ist, dann gerade nicht im Sinne des bloßen Daseins und der nackten Existenz. „Leben" im biblischen Sinne meint immer ein „Leben in Fülle" – erfüllt mit Liebe, Glück, Frieden, Gesundheit, kurzum: mit Heil. Im Unterschied zum vergänglichen irdischen Leben währt dieses verheißene Leben in Fülle „ewig", grenzenlos, ohne Abbruch, ohne Ausgeliefertsein an die Zeit – und damit auch ohne die Furcht, dieser Zustand könnte einmal enden.

Zitate

„Die Botschaft von der Auferweckung des Gekreuzigten ist nicht ohne zeitgebundene Vorstellungsmuster und legendäre Ausmalungen, ist nicht ohne situationsbedingte Erweiterungen und Ausgestaltungen überliefert worden. Und doch zielt sie im Grunde auf etwas Einfaches, das von Anfang an bei allen Zeugen durch Unstimmigkeiten, ja Widersprüchlichkeiten der Überlieferung hindurch unzweideutig zum Ausdruck kommt: Der Gekreuzigte lebt und herrscht für immer bei Gott – als Verpflichtung und Hoffnung für uns! Die judenchristlichen und später auch heidenchristlichen Menschen aus den Gemeinden des Neuen Testaments sind getragen, ja fasziniert und begeistert von der Gewißheit, daß der Getötete nicht im Tod geblieben ist, sondern lebt, und daß, wer sich an ihn hält und ihm nachfolgt, ebenfalls leben wird. Das Tod ist nicht das letzte Wort Gottes über den Menschen. Das neue, ewige Leben des Einen ist Herausforderung und reale Hoffnung für alle!
Damit ist deutlich geworden: Daß mit Jesu Tod nicht alles aus war, daß er selber nicht im Tod geblieben, sondern in Gottes ewiges Leben eingegangen ist, war von Anfang an keine bewiesene historische Tatsache, sondern war schon immer eine Überzeugung des Glaubens. Dieser Glaube aber mutet einem heutzutage nicht die Vorstellung eines ,über-natürlichen' Eingriffs gegen alle Naturgesetze durch einen Deus ex machina zu. Dieser Glaube beruht auf der Überzeugung vom ,natürlichen' Hineinsterben und Aufgenommenwerden in die eigentliche, wahre, göttliche Wirklichkeit (...)."[23]

„Um Wissen im Sinn der Wissenschaft, rationaler und historisch-kritischer Auskünfte und Forschungen, kann es hier nicht gehen. (...) Wissenschaftlich erforschen kann man diese Wirklichkeit nicht – aber man kann zum Beispiel davon singen. Wenn bei einem Gedenk-Gottesdienst für einen Verstorbenen das erste Lied lautet: ,Christ ist erstanden von der Marter alle, des wolln wir alle froh sein', das mit einem dreifachen Halleluja endet, dann kann sich für den Singenden eine Wirklichkeit erschließen, die Leben und Tod umfaßt. Diese Wirklichkeit kann man ,mythisch' nennen, wobei jedoch zu beachten ist, daß ,mythisch' nicht „unwirklich", „scheinhaft" oder „nur Legende" bedeutet. Man kann sie auch ,geistlich' nennen, was jedoch nicht heißen muß, daß sie nur für das Christentum gilt. (...)
Das Kriterium für die Wahrheit mythischer, geistlicher Rede für das, was auf den Tod folgt, liegt darin, ob Menschen mit diesen

Auskünften sinnvoll leben und sterben können. Anders gesagt: Macht die christliche Weise, vom Himmel zu reden, Menschen fähig, dem Tod ins Angesicht zu sehen, oder zerstört sie schon vorher das Leben von Menschen mit Angst?"[24]

„Christlicher Auferstehungsglaube meint weder eine einfache Rückkehr ins Leben, so daß dies noch einmal gelebt werden könnte, noch eine geradlinige Verlängerung des irdischen Lebens ins Unendliche, ‚als ob nur ... die Pferde gewechselt wären und dann weitergefahren würde‘, noch auch den Anfang eines neuen, diesmal besseren Lebens, in dem das frühere einfach zurückgelassen und vergessen wäre; er meint vielmehr die Verendgültigung und Vollendung des je konkret und individuell vollzogenen Lebens. Die ganze Geschichte meines Lebens wird für immer gültig, mein dauernder Besitz. Sie wird von Gott vollendet, was zwar die Hoffnung einschließt, daß das Negative und Fehlende in ihr geheilt und ergänzt wird, was aber nicht bedeutet, daß Gott etwas ‚ganz anderes‘ aus mir machte. Gott macht etwas aus *meinem* Leben."[25]

Materialien

Bilder

1. *Meister Francke: Auferstehung Christi. Thomasaltar (Ausschnitt), um 1424*

2. *Matthias Grünewald: Auferstehung Christi. Isenheimer Altar (Ausschnitt), um 1515*

3. *Alfred Manessier: Auferstehung. Farblitographie 1949*

Alle drei Bilder sind als Farbdia erhältlich im Rahmen der Serie: 32 Dias zu den Religionsbüchern für das 9. und 10. Schuljahr von Hubertus Halbfas (Unterrichtswerk für die Sekundarstufe I), Düsseldorf: Patmos-Verlag 1992, Abbildungsverzeichnis nach Seitenzahl: S. 91, 94 und 95, (ISBN 3-491-73313-8)

Texte

L. Zenetti:
Lieber Apostel Paulus[26]

Lieber Apostel Paulus
wenn ich einmal so sagen darf
nicht wahr, du hast doch
ich meine, was Jesus angeht,
genauer seine Auferstehung
das nicht so wörtlich gemeint
eins Korinther fünfzehn
du weißt schon
nur
in dem Sinne wohl
daß er sozusagen geistig
sinnbildlich gemeint
in uns allen weiterlebt
daß wir neuen Mut fassen
den Blick erheben wie
die Natur erneut erblüht
so ähnlich eben
es geht schon, die Sache
geht schon weiter, man muß
sie vorantreiben, die gute Sache
an die wir doch alle irgendwie
glauben, den Fortschritt mein' ich
Mitmenschlichkeit und so
Friede, nicht wahr
das wolltest du doch sagen. –
N e i n ?

M. L. Kaschnitz: Auferstehung[27]

Manchmal stehen wir auf
Stehen wir zur Auferstehung auf
Mitten am Tage
Mit unserem lebendigen Haar.
Mit unserer atmenden Haut.

Nur das Gewohnte ist um uns.
Keine Fata Morgana von Palmen
Mit weidenden Löwen
Und sanften Wölfen.

Die Weckuhren hören nicht auf zu ticken
Ihre Leuchtzeiger löschen nicht aus.

Und dennoch leicht
Und dennoch unverwundbar
Geordnet in geheimnisvoller Ordnung
Vorweggenommen in ein Haus aus Licht

K. Marti: Wenn ich gestorben bin [28]

wenn ich gestorben bin
hat sie gewünscht
feiert nicht mich
auch nicht den tod
feiert den
der ein gott von lebendigen ist

wenn ich gestorben bin
hat sie gewünscht
zieht euch nicht dunkel an
das wäre nicht christlich
kleidet euch hell
singt heitere lobgesänge

wenn ich gestorben bin
hat sie gewünscht
preiset das leben
das hart ist und schön
preist DEN
der ein gott von lebendigen ist

Lieder

Manchmal feiern wir mitten am Tag ein Fest der Auferstehung

Text: *A. Albrecht*, Musik: *Peter Janssens*, aus: Ihr seid meine Lieder, 1974, Peter Janssens Musik Verlag, telgte/Westfalen, in: Wenn du singst, sing nicht allein. 250 Lieder für Familie, Gemeinde und Schule, *Hermann-Josef Frisch* (Hg), Patmos Verlag, Düsseldorf 1990, Lied Nr. 216.

Einer ist unser Leben, Licht auf unseren Wegen

Ei-ner ist un-ser Le - ben, Licht auf un-se-ren We - gen,

Hoff-nung, die aus dem Tod er-stand, die uns be-freit.

1. Vie - le hun - gern, die an - dern sind satt
2. Vie - le wer - den ver-kannt und ver-lacht,
3. Vie - le ken - nen nur Waf - fen und Krieg,

1. in die-ser Welt, ei - ner teil - te schon ein-
2. wer-den ver-folgt, ei - ner nahm sich der Wehr-
3. Haß und Ge-walt, ei - ner lehrt uns,dem Feind

1. mal das Brot, und es reich - te für al - le.
2. lo - sen an, wur - de arm mit den Ar - men.
3. zu ver-zeihn und die Men- schen zu lie - ben.

4. Viele Menschen sind blind oder stumm, wir sind es auch.
   Einer machte die Kranken gesund, einer heilte sie alle. Einer ist ...

5. Viele tasten durch Dunkel und Nacht, viele von uns, einer ging wie ein
   Licht vor uns her in den Tod und das Leben. Einer ist ...

T und M: Jean Liesse; franz. Originaltext "Soleil d'une espérance"
Deutscher Text: Lothar Zenetti; R(T): Lothar Zenetti
R(M): Editions Musicales STUDIO SM, Paris; Nr d'autorisation SM 110992-1

Wir wollen aufstehn zum Leben

t: reinhard feuersträter
m: reinhard horn 1986

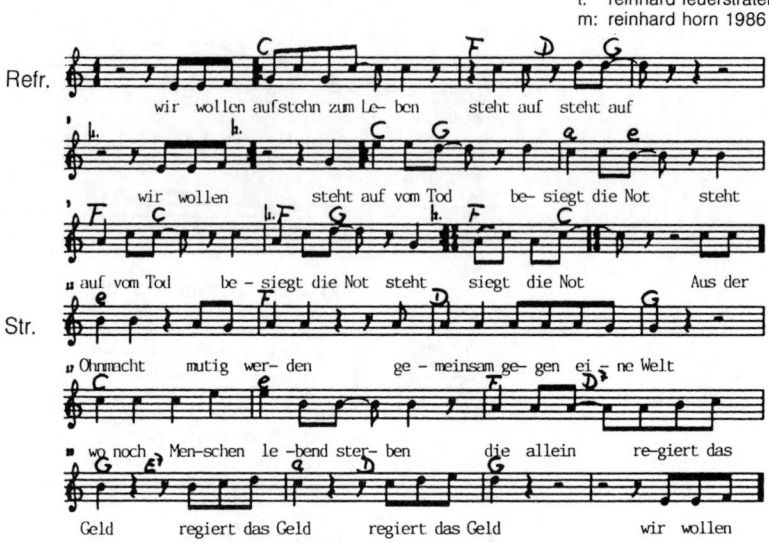

Refr.

wir wollen aufstehn zum Le- ben   steht auf   steht auf

wir wollen   steht auf vom Tod   be- siegt die Not   steht

Str.

auf vom Tod   be - siegt die Not   steht   siegt die Not   Aus der

Ohnmacht   mutig wer- den   ge - meinsam ge- gen ei - ne Welt

wo noch Men-schen le -bend ster- ben   die allein   re-giert das

Geld   regiert das Geld   regiert das Geld   wir wollen

2. Aus den Ängsten Hoffnung schöpfen
gemeinsam gegen eine Zeit
wo noch Menschen ohne Zukunft
hoffnungslos in dieser Zeit.

3. Aus Verzweiflung mutig werden
gemeinsam gegen diese Zeit
wo die Menschen ohne Stimme
leben in Dunkelheit.

4. Aus der Ferne Nähe spüren
gemeinsam gegen jede Not
wo sich Menschen einsam fühlen
teilen wir das eine Brot.

5. Aus den Worten werden Taten
gemeinsam für die neue Zeit
das die Menschen wieder leben
und das Leben sie befreit.

Tanz

Christus ist auferstanden[29]

Fröhlicher Tanz in zwei konzentrischen Kreisen

1. Chri-stus ist auf-er-stan-den.
Freud ist in al-len Lan-den.

Laßt uns auch fröh-lich sin-gen in cym-ba-lis,
und Hal-le-lu-ja klin-gen Hal-le-lu-ja,

in cym-ba-lis be-ne so-nan-ti-bus:
Hal-le-lu-ja, Hal-le-, Hal-le-lu-ja,

Hal-le-lu-ja.
Hal-le-lu-ja, Hal-le-lu-ja.
Hal-le-lu-ja.

Ostern
Himmelfahrt

Text: Friedrich Spee
1623 (Str. 1) /
ökumenische Fassung
1983 (Str. 2–4)

Melodie:
Köln 1623

Satz:
Hans Eugen
Frischknecht 1995

Rechte:
Bärenreiter-Verlag,
Kassel (T) /
Gesangbuchverein
ERK, Zürich (S)

CD Nr. 5
Spieldauer 1'37

2. Er hat den Tod bezwungen, / das Leben uns errungen. /
Drum laßt uns fröhlich singen / und Halleluja klingen. *Rfr*

3. Christus ist aufgefahren. / Jubelt, ihr Engelscharen. /
Drum laßt uns fröhlich singen / und Halleluja klingen. *Rfr*

4. So, wie er aufgenommen, / wird er einst wiederkommen. /
Drum laßt uns fröhlich singen / und Halleluja klingen. *Rfr*

„in cymbalis bene sonantibus" *(Rfr)* bedeutet: mit wohlklingenden Zimbeln
(Ps 150,5)

Unbändige Freude spricht aus diesem österlichen Halleluja. Es einmal zu sagen, genügt da längst nicht mehr. Darum wird jeder musikalische Abschnitt wiederholt, und man sollte dieses Lied in zwei Gruppen (Kreisen) singen und tanzen. Mir scheint, man falle sich richtig ins Wort, lasse die anderen gar nicht ausreden vor lauter Jubel und Begeisterung. Erst zum Schluß der Strophen finden sich alle im gemeinsamen Halleluja.

Das Lied möchte uns durch die ganze österliche Zeit begleiten, denn die beiden letzten Strophen beinhalten die Himmelfahrt.

Bewegungsvorschlag

Aufstellung in zwei konzentrischen Kreisen.
Innerer Kreis: Die Tanzenden schauen nach außen, haben also die Mitte im Rücken. Die Hände sind nicht durchgefaßt.
Äußerer Kreis: Front zur Mitte.

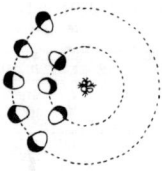

in cymbalis, in cymbalis bene sonantibus:
Innerer Kreis: Mit dem rechten Fuß einen Seitenschritt nach rechts und klatschen. Mit dem linken Fuß einen Seitenschritt nach links und klatschen.
Auf „bene sonantibus" sich mit vier Schritten am Platz rechtsherum drehen, die Arme sind unten.

Christus ist auferstanden.
Innerer Kreis: Die Arme zum Himmel werfen als Ausdruck von Begeisterung, Lob und Dank. In dieser Haltung bleiben.

Freud ist in allen Landen.
Äußerer Kreis: Antwort mit derselben Gebärde. So bleiben.

Laßt uns auch fröhlich singen
Innerer Kreis: In der Reigenfassung einmal nach rechts und nach links wiegen, dann stehen bleiben.

und Halleluja klingen
Äußerer Kreis: Ebenso.

Halleluja, Halleluja, Halleluja,
Äußerer Kreis: Ebenso.

Halleluja.
Beide Kreise tanzen mit durchgefaßten Händen und sechs Schritten nach rechts. Mit den beiden letzten Schritten sich wieder zur Ausgangsstellung wenden.

Merke: Die Kreise bewegen sich gegengleich. Für jede nächste Strophe stehen sich neue Gesichter gegenüber.

Strophen 2 - 4 werden wie Strophe 1 getanzt. An Ostern oder wenn die Tanzenden selber singen, dann nur zur ersten Strophe tanzen und diese mehrmals wiederholen.

Hinweis

Ein nicht ganz einfacher, aber überaus eindrucksvoller Auferstehungstanz, der eigens einstudiert werden muß, findet sich bei *M.-G. Wosien*: Tanz als Gebet. Feiert Gottes Namen beim Reigen, Linz 1990, 93-95.

Didaktische Anregungen

▨ Einstieg: *M.L. Kaschnitz: Diese drei Tage*
▷ Nachdem der Text vorgelesen wurde, tauschen die Teilnehmer(innen) ihre Gedanken dazu im Rahmen eines Schreibgespräches* aus (4–5 Teilnehmer pro Gruppe, ca. 15 Minuten).
▷ Die Teilnehmer(innen) gestalten mit Hilfe anderer sinn- bzw. kontextverwandter Begriffe Schreibbilder* zum Begriff „Auferstehung", „Auferweckung" oder „auferstanden".

▨ Pantomimische Darstellung:
▷ Die im NT verwendeten Begriffe für das Geschehen der Auferweckung werden auf ein Plakat geschrieben:
– *aktiv*: aufstehen – zum Vater gehen – den Tod verschlingen
– *passiv*: aufgeweckt werden – lebendig gemacht werden – erhöht werden – heraufgeführt werden – verherrlicht werden – mit Unvergänglichkeit bekleidet werden – mit dem himmlischen Haus überkleidet werden
▷ Die Teilnehmer(innen) wählen sich je einen Begriff aus, den sie (allein oder zu mehreren) pantomimisch darstellen.
▷ Sie machen sich den bildhaften Charakter aller dieser Begriffe bewußt.
▷ Die Teilnehmer(innen) überlegen, in welchen anderen Situationen Wirklichkeit nur mit Hilfe von Bildern und Metaphern ausgesagt werden kann (z. B.: Ausdruck der Liebe, Beschimpfungen usw.).

▨ Weiterschreiben des Textes von *L. Zenetti: „Lieber Apostel Paulus"*:
▷ Der Text wird zuerst laut vorgelesen; danach lesen ihn die Teilnehmer(innen) nochmals still für sich. Er endet mit einer großen Frage: Stimmt es, daß es sich so mit der Auferstehung Jesu verhält – oder ist es ganz anders?
▷ Die Teilnehmer(innen) schreiben an den Verfasser eine Antwort („Lieber Lothar Zenetti ..."), in der sie ihr persönliches *Vorverständnis* von der Auferstehung Jesu darstellen – dieses kann sich

damit decken, sich aber auch grundsätzlich davon unterscheiden. Es geht hier noch nicht um eine entfaltete Theologie der Auferstehung, sondern um die verschiedenen Meinungen und Überzeugungen der Teilnehmer(innen).

■ Impuls:
Die Auferweckung Jesu: Grund der christlichen Hoffnung und theologische Bedeutung (ggf. mit Hilfe der Kopiervorlagen)

■ Musikmeditation*:
Einen Zugang zum Auferweckungsgeschehen über die Musik schafft das „Halleluja" aus *G. F. Händels* „Messias". Als Alternative bieten sich daneben Auszüge aus Händels Oratorium „ La resurrezione" an, insbesondere der Chor Nr. 25 „Der siegreiche Gott triumphiere". Jedes der Musikstücke dauert ungefähr vier Minuten.

■ Auferstehungsbilder von *Meister Francke, Matthias Grünewald* und *Alfred Manessier*:
▷ Die Teilnehmer betrachten die Bilder nacheinander in Stille. Sie „gehen im Bild spazieren" und verweilen bei einzelnen Details.
▷ Damit sich die Bilder besser einprägen, malen die Teilnehmer(innen) die Umrisse der dargestellten Personen großflächig mit dem Zeigefinger in die Luft.
▷ Ein Detail, das sie in besonderer Weise anspricht, malen sie wie mit einem Gravierstift in ihre Handfläche.
▷ Sie vergleichen die unterschiedlichen Darstellungen des Auferweckungsgeschehens – die Bilder spiegeln die Entwicklung von einer sehr realistischen Wiedergabe bei Meister Francke über die „vermittelnde" Position Grünewalds hin zu einer rein symbolischen Darstellung bei Manessier wieder.
▷ Impuls:
Die Auferweckung Jesu ist als rein historisches Geschehen nicht fassbar:
Welche der Bilder spiegeln diese Einsicht wieder? Welche ignorieren sie?
▷ Die Teilnehmer gestalten ihr eigenes Auferstehungsbild. Dazu sollen nur verschiedene gelbe, orange und rötliche Farbtöne, ggf. im Kontrast mit Schwarz, verwendet werden.

■ Die Beziehung von diesseitiger Auferstehungserfahrung und zukünftiger Auferstehungshoffnung:

▷ Die Teilnehmer(innen) erhalten eine Kopie des Gedichtes von M. L. Kaschnitz, das von eben dieser Beziehung spricht. Sie schreiben die Zeilen, die für sie den Schlüssel zum Sinn dieses Gedichtes darstellen, auf ein Plakat; auf diese Weise entsteht der Text neu in veränderter Form.

▓ „Schreibgespräch"* in Gruppen:
▷ Welche Erfahrungen und Erlebnisse deuten die Teilnehmer(innen) für sich als „Auferstehungserfahrungen"?

▓ Impuls (ggf. mit Hilfe der Kopiervorlage):
Auferstehung ist kein rein zukünftiges Geschehen, sondern hat eine präsentische Dimension

▓ Gedicht von *K. Marti*: „*Wenn ich gestorben bin*"
▷ Die Teilnehmer(innen) schreiben das Gedicht fort:
„Wenn **ich** gestorben bin, wünsche **ich mir** ..."

▓ Abschluß: Lied oder Tanz

4. Der Zeitpunkt der Auferstehung:
Im Tode oder am Ende der Zeit?

Die Problematik

Auferstehung – unmittelbar im Tod oder erst am Ende?

Viele bekannte Darstellungen der christlichen Kunst, liturgische Texte und Gebete verbinden den „Zeitpunkt" der Auferstehung mit dem Ende der Welt und dem Anbruch der Endzeit. Auf der anderen Seite geht die christliche Praxis, etwa im Gebet für die Verstorbenen, davon aus, daß diese unmittelbar nach ihrem Tod zu Gott kommen.

Das Auferweckungsgeschehen wird in zwei Phasen „zerteilt"

Diesen Widerspruch versuchte die christliche Tradition dadurch zu lösen, daß sie den Tod als Trennung der Seele vom Leib deutete. Damit ließ sich das Geschehen der Auferweckung regelrecht in zwei verschiedene „Phasen" zerlegen: Unmittelbar im Tod trennt sich die Seele vom Leib und kommt zu Gott; der Leib verwest. Am Jüngsten Tag geschieht dann die Auferweckung des Leibes und seine Wiedervereinigung mit der Seele.

Abgesehen davon, daß sich die Vorstellung einer Trennung von Leib und Seele so im NT nicht findet, wirft sie eine Reihe von Problemen auf (vgl. dazu auch das nachfolgende Kapitel „Auferweckung des Leibes oder Unsterblichkeit der Seele?"): Läßt sich das Geschehen der Auferweckung tatsächlich in der Weise auseinanderdividieren? Sind die hier zugrundegelegten anthropologischen Voraussetzungen stimmig? Wie ist der leibfreie Zwischenzustand der Seele bis zum Jüngsten Tag zu denken?

Unterschiedliche Aussagen im NT

Eine sorgsame Untersuchung des neutestamentlichen Befundes hilft hier nicht weiter, denn in den verschiedenen Schriften begegnen zwei unterschiedliche Aussagereihen.

Neutestamentliche Zeugnisse: Auferweckung am Ende der Zeit

Die eine läßt darauf schließen, daß die Auferweckung vom Tod erst am Ende der Zeit, am „Jüngsten Tag" geschehen wird. Gemeinsam ist den betreffenden Texten die Prägung durch die apokalyptischen Vorstellungen der damaligen Zeit:

1 Thess 4, 16f: „Der Herr selbst wird vom Himmel herabkommen, wenn der Befehl ergeht, der Erzengel ruft und die Posaune Gottes erschallt. Zuerst werden die in Christus Verstorbenen auferstehen; dann werden wir, die Lebenden, die noch übrig sind, zugleich mit ihnen auf den Wolken in die Luft entrückt, dem Herrn entgegen.“

1 Kor 15,23f: „Es gibt aber eine bestimmte Reihenfolge: Erster ist Christus; dann folgen, wenn Christus kommt, alle, die zu ihm gehören. Danach kommt das Ende, wenn er jede Macht, Gewalt und Kraft vernichtet hat und seine Herrschaft Gott, dem Vater, übergibt.“

Joh 6,39 und auch ff: „Es ist aber der Wille dessen, der mich gesandt hat, daß (...) ich sie auferwecke am Letzten Tag.“

Joh 5,28f: „Die Stunde kommt, in der alle, die in den Gräbern sind, seine Stimme hören und herauskommen werden.“

Neutestamentliche Zeugnisse: Auferweckung unmittelbar im Tod

Andere Aussagen sprechen davon, daß der Mensch unmittelbar im Tod zu Gott kommt:

Nach Lk 23,43 verheißt Jesus dem reumütigen Sünder:
„Amen, ich sage dir, heute wirst du mit mir im Paradiese sein.“

In die gleiche Richtung deuten die Worte beim Sterben Jesu:
Lk 13,46: „Vater, in deine Hände lege ich meinen Geist.“

So bittet auch der gesteinigte Stephanus:
Apg 7,59: „Herr Jesus, nimm meinen Geist auf!“

Paulus, der einerseits die Auferweckung von den Toten am Jüngsten Tag ansetzt, geht andererseits unbezweifelbar davon aus, unmittelbar nach dem Tod „bei Christus“ zu sein:

Phil 1,23f: „Ich sehne mich danach, aufzubrechen und bei Christus zu sein – um wieviel besser wäre das! Aber euretwillen ist es notwendiger, daß ich am Leben bleibe."

2 Kor 5,1: „Wenn unser irdisches Zelt abgebrochen wird, dann haben wir eine Wohnung von Gott, ein nicht von Menschenhand errichtetes ewiges Haus im Himmel."

Keine Systematik und keine Einheitlichkeit im NT

Offensichtlich war den neutestamentlichen Schreibern, was den Zeitpunkt der Auferweckung betrifft, nicht an einer Systematik ihrer Äußerungen gelegen. Entscheidend war für sie einzig und allein die Zuversicht, im Tod mit Jesus Christus verbunden zu sein. Je nach Prägung durch apokalyptisches Gedankengut siedelten sie den Zeitpunkt der Auferweckung am Jüngsten Tag oder unmittelbar nach dem Tod an. Eben weil die verwendeten apokalyptischen Schilderungen nur dienende, d. h. erläuternde und veranschaulichende Funktion haben, wurde das Nebeneinander unterschiedlicher Vorstellungsmodelle auch nicht als Widerspruch empfunden.

Ein Dilemma für die christliche Praxis

Probleme anläßlich der Märtyrerverehrung

Während im NT die unterschiedlichen Aussagen zum Zeitpunkt der Auferstehung nicht als Widerspruch empfunden werden, ergab sich in der frühen Kirche ein gewisses Dilemma anläßlich der Märtyrerverehrung: Wenn die Christen diejenigen verehrten, die für ihren Glauben in den Tod gegangen waren, und wenn sie sich an ihren Gräbern versammelten, taten sie das im Bewußtsein, daß die Betreffenden bei Gott sind. Aber wurde damit nicht die Bedeutung der endzeitlichen Auferweckung der Toten ausgehöhlt? Und konnte man wirklich sagen, die Betreffenden seien bei Gott, wo doch ihr Leib im Grab verweste?

Die Unterscheidung zwischen Märtyrern und „gewöhnlichen" Verstorbenen

Eine Reihe von Kirchenvätern führten eine Unterscheidung ein zwischen den „gewöhnlichen" Verstorbenen einerseits und andererseits den Märtyrern bzw. Bekennern, die für ihren Glauben in den Tod gegangen waren oder große Nachteile erlitten hatten. Während die zuletzt genannten sofort zu Gott kommen, proklamierten sie für die anderen einen Zwischen- bzw. Wartezustand in der Unterwelt bis zur Auferweckung am Jüngsten Tag. Diese Lehre vom Zwischenzustand verstieß allerdings gegen die biblischen Aussagen, daß der Mensch gleich nach dem Tod zu Gott kommt. Zudem hatte sie in Bezug auf die Auferstehung eine regelrechte „Zweiklassengesellschaft" zur Folge.

Die scheinbare Lösung:
Das griechische Leib-Seele-Modell

Als Ausweg aus diesem Dilemma bot sich eine wichtige Unterscheidung des griechischen Denkens an: diejenige zwischen Leib und Seele.

Das Menschen- und Wirklichkeitsverständnis der Griechen: Der Leib ist das Grab der Seele

Nach Vorstellung der griechischen Anthropologie ist der Mensch „zusammengesetzt" aus Leib und Seele. Im Tod trennt sich die Seele vom Leib; allein ihr kommt Unsterblichkeit zu, der Leib hingegen verwest. Diese scharfe Differenz zwischen Leib und Seele entsprach ganz und gar dem der aristotelisch-platonischen Philosophie innewohnenden Dualismus. Demnach ist die gesamte Wirklichkeit bestimmt von zwei Prinzipien: hier die Welt der Ideen, unsichtbar, unvergänglich und unzerstörbar, die „eigentliche" Wirklichkeit – dort die konkrete sinnlich wahrnehmbare und vergängliche Wirklichkeit, die letztlich nur ein Abbild der Ideenwelt darstellt, hier der Geist – dort die Materie. Im Menschen setzt sich dieser Dualismus fort: hier die unsterbliche Seele, die Menschsein im wesentlichen konstituiert – dort der Leib, das „Grab der Seele", der sie hemmt und behindert und der für den Menschen nichts als Ballast ist, von dem es sich zu befreien gilt. Was schon zu Lebzeiten immer wieder ansatzweise geschehen soll, wird im Tod als endgültiger Befreiung vom Leib schließlich vollendet und der Mensch zu seinem eigentlichen Selbst geführt.

Abgrenzung und Übernahme durch das Christentum

Das frühe Christentum hat die griechische Anthropologie keineswegs einfach übernommen. Es setzte sich vielmehr durchaus davon ab, indem es betonte, daß nicht nur die Seele, sondern der ganze Mensch mit Leib *und* Seele nach dem Tod zu Gott kommt. Aber im Zuge dieser Zurückweisung wurde zugleich der Leib-Seele-Dualismus als Denkvoraussetzung übernommen. Damit hatte die frühe Christenheit ein Modell zur Verfügung, um das Problem des Zeitpunktes der Auferstehung zu lösen: Im Tod trennt sich die unsterbliche Seele vom Leib, kommt zu Gott und führt dort eine „leiblose" Existenz bei Gott bis zum Jüngsten Tag. Der Leib hingegen wartet auf die Auferweckung am Jüngsten Tag. Dann werden die Leiber erweckt und wieder mit den Seelen vereinigt.

Kritik am Leib-Seele-Dualismus

Die Deutung des Todes als Trennung der Seele vom Leib sah sich in Verbindung mit dem Leib-Seele-Modell in der Vergangenheit ebenso wie heute verschiedenen Einwänden ausgesetzt.

Kritik am griechischen Menschenbild

Die Kritik entzündete sich zum einen an der zugrundeliegenden Anthropologie. Denn diese entspricht nicht dem Menschenbild des Alten und Neuen Testaments, dem eine Trennung von Leib und Seele fremd ist. Ebensowenig entspricht sie den Erkenntnissen der heutigen Philosophie, Anthropologie und Medizin, insbesondere der Psychosomatik, die ja alle die Zusammengehörigkeit und wechselseitige Verwiesenheit von Leib und Seele herausstellen. In ihren Konsequenzen wird sie als geradezu leibfeindlich angesehen, weil der Leib demnach allein unter der Perspektive der Schwachheit und Begrenzung in den Blick genommen wird.

Kritik am Todesverständnis als Trennung der Seele vom Leib

Über das Menschenbild hinaus wirft aber auch das mit der Trennung der Seele vom Leib implizierte Todesverständnis eine Reihe von kritischen Fragen auf: Wird der Tod hier überhaupt ernst genommen, wenn von vornherein klar ist, daß ein „Teil" des Menschen ihm gar nicht unterworfen ist? Und weiter: Kann dann auch die Auferstehung in ihrer ganzen Tragweite ernst genommen werden? Ist nicht mit der Unsterblichkeit der Seele das „Entscheidende" für den Menschen bereits geschehen? Bringt die Auferstehung des Leibes überhaupt noch etwas Neues – und wenn ja: worin besteht dieses? Und schließlich: Wie ist eine leibfreie Seele zu denken?

Die Überwindung des Leib-Seele-Dualismus bei Thomas von Aquin

Einen grundlegenden Beitrag für die Überwindung der strengen Trennung von Leib und Seele leistete der Kirchenvater Thomas von Aquin (1224–1274). Er schuf eine Synthese von griechischem und biblischem Menschenbild, indem er die Seele als „Form" des Leibes bestimmte. Damit ist gemeint, daß der Leib die Seele gewissermaßen „sichtbar" macht, daß sie sich in ihm zum Ausdruck bringt, sich in ihm verwirklicht. Wenn Menschsein so gedacht wird, dann wird es als Einheit von Leib und Seele gefaßt. Beide sind aufeinander hingeordnet; erst in der Beziehung von beidem kommt der Mensch zu sich selbst. Diese Konzeption entspricht der biblischen Anthropologie, für die der Mensch nicht Leib und Seele hat, sondern Leib und Seele ist.

Das Modell von der „Auferstehung im Tod"

Im Tod kommt der ganze Mensch zu Gott

Aufgrund der genannten Kritik weist eine beträchtliche Anzahl von Theologen die Deutung des Todes als Trennung des Leibes von der Seele zurück zugunsten einer „Auferstehung im Tod": Im Tod kommt der „ganze" Mensch – mit „Leib und Seele" – vor Gott. Eine zeitliche „Aufteilung" des Auferstehungsgeschehens entfällt damit. Wenn damit Ernst gemacht wird, daß der Mensch nicht einfach nur Leib und Seele hat, sondern Leib und Seele ist, dann kann es konsequenterweise keine leibfreie Existenz geben.

Keine Relativierung der Hoffnung auf Vollendung der ganzen Welt

Gegen den Gedanken von der Auferstehung im Tod wird bisweilen der Einwand vorgebracht, daß damit die Hoffnung auf die Vollendung der Welt am „Jüngsten Tag" relativiert oder gar völlig bestritten werde. Doch gerade das ist nicht der Fall. Die Vollendung des/der einzelnen Menschen – in der Auferweckung im Tod – impliziert eben noch nicht die Vollendung aller bzw. der ganzen Schöpfung (vgl. dazu auch das Kapitel „Vollendung"). Was wäre das auch für eine Vorstellung von „Vollendung", die die Beziehungen, die das Leben eines Menschen bestimmten, die zu den Mitmenschen wie zur ihn umgebenden Welt und Schöpfung, ausklammerte?

Kirchliche Lehrentscheidungen

Zum Verständnis des Todes als Trennung der Seele vom Leib

Die in der christlichen Tradition über Jahrhunderte geläufige Artikulation des Auferstehungsglaubens war unbezweifelbar die Vorstellung von der Trennung von Leib und Seele im Tod. Die früheren lehramtlichen Äußerungen sprechen darum auch ganz selbstverständlich in diesen Kategorien.

Frühe kirchliche Äußerungen

Zum ersten Mal verwendet das 4. Konzil von Konstantinopel (869/70) den Begriff „Seele"[30].

1334 greift dann ein Schreiben von Johannes XXII. die gängige Vorstellung von der Trennung der Seele vom Leib im Tod auf; spätere lehramtliche Dokumente schließen sich dem an:

„Damit sich nicht in bezug auf das, was über die von den Leibern getrennten gereinigten Seelen (...) öfter gesagt wurde, den Ohren der Gläubigen anderes einprägen könne (...), so erklären Wir nun im Rahmen des vorliegenden Schreibens unsere Meinung (...)."[31]

Das Schreiben der Glaubenskongregation zur Eschatologie (1979)

Die jüngste römische Verlautbarung zur Eschatologie verwendet den Seelenbegriff mit einer gewissen Zurückhaltung; eine Trennung der Seele vom Leib im Tod wird angedeutet, aber nicht weiter ausgeführt: „Die Kirche behauptet die Fortdauer und das Fortbestehen eines geistigen Elementes nach dem Tod, das mit Bewußtsein und Wille begabt ist, so daß das ,menschliche Ich' selbst, in der Zwischenzeit jedoch ohne die Ergänzung seines Leibes fortbesteht (...). Um dieses Element zu bezeichnen, verwendet die Kirche den Ausdruck ,Seele', der durch den Gebrauch in den Heiligen Schriften und in der Überlieferung eingebürgert ist."[32]

Das Schreiben möchte an diesem Begriff festhalten, auch wenn er bisweilen zu Verwirrungen führt, weil er sich eingebürgert hat und weil es ja auch irgendeines Begriffes zur Bezeichnung des menschlichen „Ich" bedarf:

„Obwohl sie nicht verkennt, daß diesem Ausdruck in den Heiligen Schriften verschiedene Bedeutungen zugrunde liegen, glaubt sie nichtsdestoweniger, daß es keinen triftigen Grund gibt, warum der Ausdruck verworfen werden sollte, und sie ist außerdem der Meinung, daß ein sprachliches Ausdrucks(mittel) zur Aufrechterhaltung des Glaubens der Christen durchaus notwendig ist."[33]

Keine Dogmatisierung des Leib-Seele-Modells

Wenn hier die Vorstellung vom Tod als Trennung der Seele vom Leib angedeutet wird, wird der Versucht gemacht, mit Hilfe eines geläufigen *Modells* ein unanschauliches Geschehen anschaulich zu machen. Theologische Modelle, Denkhilfen und Ausdrucksmittel aber sind immer in der jeweiligen Zeit verankert; wenn sie nicht mehr verstanden werden, können, ja im Grunde müssen sie durch andere, treffendere ersetzt werden. Ein Modell kann darum niemals Inhalt einer Dogmatisierung werden. In der Tat hatte keine der zitieren Aussagen zum Ziel, die Leib-Seele-Vorstellung zu dogmatisieren – Ziel war es vielmehr, die Meinung abzuwehren, daß die Seele nach dem Tod eine Art Seelenschlaf hält bis zum jüngsten Gericht. Von daher ist der Ausdruck der Auferstehungshoffnung unter Zuhilfenahme anderer Modelle möglich.

Zum Zeitpunkt der Auferstehung und der vollen Seligkeit

Die volle Seligkeit bereits im Tod

Dort wo kirchlichen Lehrentscheidungen das Modell der Trennung von Leib und Seele im Tod zugrunde liegt, wird die Auferstehung konsequenterweise auf zwei „Phasen" verteilt. Entscheidend ist allerdings, daß die Verstorbenen bereits unmittelbar im Tod die volle Seligkeit erlangen.

1334 wurde die (Irr-)Meinung von Johannes XXII., die Seelen der Verstorbenen erlangten nicht unmittelbar im Tod, sondern erst nach dem Weltgericht die volle Seligkeit, zum Anlaß, unmißverständlich zu erklären:

„Wir bekennen also und glauben, daß die von den Leibern getrennten gereinigten Seelen im Himmel (...) versammelt sind und (...) Gott und das göttliche Wesen von Angesicht zu Angesicht klar sehen (...).“[34]

Der Lehrentscheid Papst Benedikts XII., die Konstitution „Benedictus Deus“ (1336) bekräftigt diese Aussagen kurze Zeit später[35]; andere Dokumente folgen ihm.

Die jüngste römische Verlautbarung zur Eschatologie macht über den Zeitpunkt der Auferweckung keine Aussage.

Zitate

„Der Gedanke einer Auferstehung *unmittelbar im bzw. nach* dem Tode mußte im Kontext der damaligen Auseinandersetzung notwendig gnostisch und häretisch erscheinen, da eine solche ‚Auferstehung‘ zwangsläufig als verbale Scheinaussage (...) der Gnostiker verstanden werden mußte, da sie praktisch der gnostischen ‚Unsterblichkeit der Seele‘ gleichkam – einer Seele nämlich, die unmittelbar *im* oder *nach* dem Tod die Himmelsreise begann, Leib, Welt und Geschichte verachtend hinter sich lassend.

Dennoch führte die antignostische Betonung der Auferstehung des Leibes nicht zur völligen Ablehnung der Seelenunsterblichkeit, im Gegenteil. Der schon alttestamentliche Gedanke, daß der Mensch ‚nach Gottes Bild und Gleichnis‘ geschaffen und ihm ähnlich ist, deshalb auch Anteil an seiner Unsterblichkeit erlangt hat und ‚für immer‘ von Gott gerufen und erwählt ist, ließ sich vortrefflich im Begriff und in der Vorstellung der ‚Seelenunsterblichkeit‘ fassen. Hinzu kam, daß die neutestamentliche Überzeugung, daß der Christ bereits *im Tod* zur Christusgemeinschaft gelangt (wenngleich die Heilsvollendung erst am ‚Jüngsten Tag‘ erwartet wird), geradezu einen ‚Zwischenzustand‘ des Menschen erfordert, der noch nicht volles und endgültiges, wohl aber ein vorläufiges, das Sehnen des Menschen erfüllendes Heil bedeutet. Zur begrifflichen Auslegung und Vorstellung dieses ‚Zwischenzustandes‘ bedient sich die frühchristliche Theologie ebenfalls des hellenistischen Leib-Seele-Modells.“[36]

„In diesem Vorstellungsmodell (mehr war es nie und konnte es nie sein), das einen Zwischenzustand der Seele voraussetzt, weil die ganzheitliche neutestamentliche Auferstehungshoffnung unter den gegebenen Umständen anders nicht festhaltbar schien, ist die leibhaftige, ganzheitliche Auferstehung vollends auf eine substantiell nichts Neues bringende Auferstehung des Körpers reduziert und am Ende ‚praktisch' überflüssig geworden. Faktisch wird hier, das sollte man nicht verkennen, die Erlangung des ewigen Lebens durchaus im Tod angesetzt, allerdings in grundlegend veränderter Weise: als Unsterblichkeit der letztlich mit dem (Eigentlichen des) Menschen identischen Seele; die spätere leibliche Auferstehung fügt dem letztlich nur akzidentell etwas hinzu. Faktisch wurde also hier die Auferstehungshoffnung um den Preis ihrer inhaltlichen Entleerung festgehalten."[37]

Materialien

Text

H. M. Enzensberger: Die Grablegung[38]

Eine sterbliche Hülle,
so heißt es,
aber was war drin?
Die Psyche,
sagen die Psychologen,
die Seele,
sagen die Seelsorger
die Persönlichkeit
sagen die Personalchefs.
Dazu noch die Anima,
die Imago, der Dämon,
die Identität, das Ich,
das Es und das Überich.
Der Schmetterling,
der sich aus diesem Gedrängel erheben soll,
gehört einer Art an,
von der wir nichts wissen.

Bilder

Stundenbuch für eine unbekannte Dame: Begräbnisszene mit Kampf um die Seele der Verstorbenen (1480)[39]

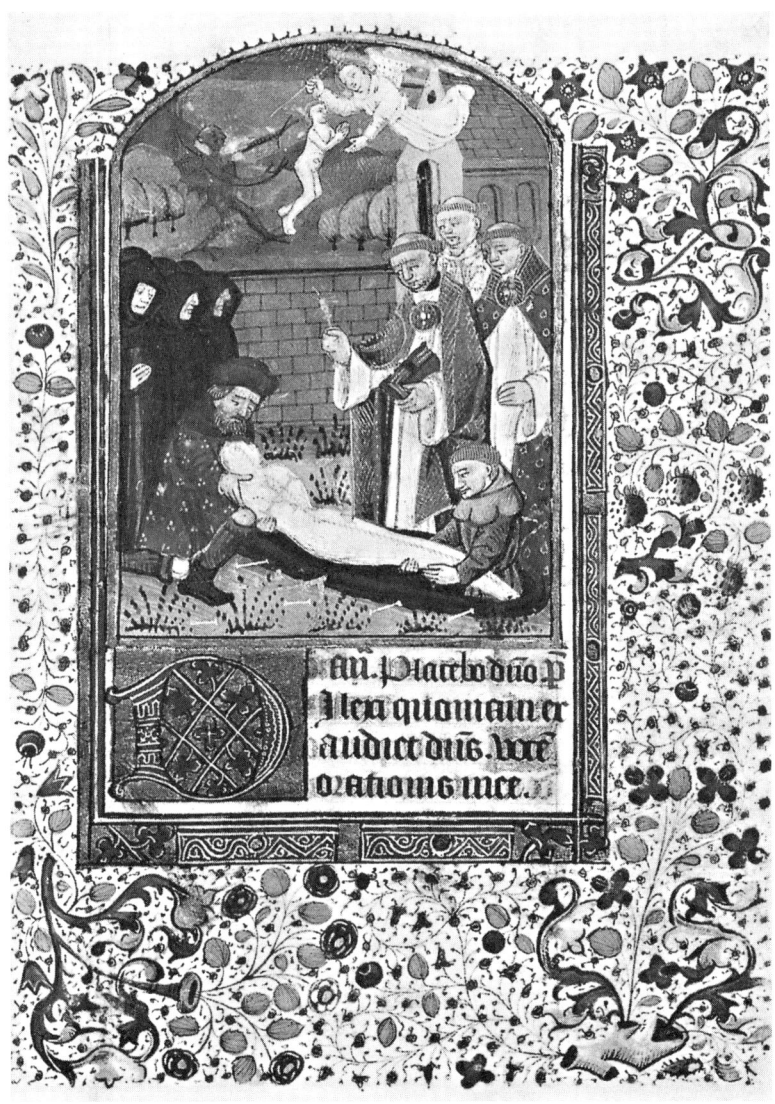

Meister der Verherrlichung Mariae: Weltgericht (um 1493) [40]

Tanz

Halleluja, Ehre sei Dir [41]

● Anzahl der Personen: 4–6
● Requisiten: keine
● Zeitdauer: 5 Minuten

Ha-lle-lu-ja Eh-re sei dir Va-ter. Ha-lle-lu-ja Eh-re sei dir

Sohn. Hall-le-lu-ja Eh-re dir Hei-li-ger Geist. Dein Reich

soll be-ginnen, dei-ne Freu-de in uns singen, dei-ne Lie-be soll

er-fül-len uns-re Er-de. Halle-lu - ja!

(Nach: L. Deiss/G. G. Weyman, Louez Dieu par la Danse (Liturgie en Fête 4),
Paris/Montreal 1981, S. 60—64; mit freundlicher Genehmigung der Autoren)

Die Tänzer stehen in einer Reihe
seitlich am Altar, die Gesichter der
Gemeinde zugewandt

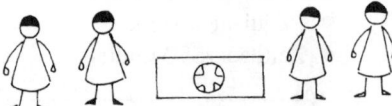

Die Arme werden über der Brust
gekreuzt,
der Kopf leicht geneigt

„Halleluja"

Die Unterarme werden nach vorne
gestreckt, die Hände liegen übereinander

„Ehre sei dir"

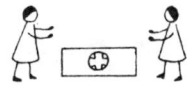

Halbe Wendung des Körpers zum
Altar hin, wobei die ausgestreck-
ten Hände mitgehen, also in Richtung Altar gehalten werden

„Vater"

Die Ausgangsposition wird wieder
eingenommen, die Hände wie beim
ersten „Halleluja" über der Brust
gekreuzt, der Kopf leicht geneigt

„Halleluja"

Die Unterarme werden nach vorne
gestreckt, die Hände liegen übereinander

„Ehre sei dir"

Halbe Wendung des Körpers zum
Altar hin, wobei die ausgestreck-
ten Hände mitgehen, diesmal aber
noch höher erhoben werden

„Sohn"

Die Ausgangsposition wird wieder
eingenommen, die Hände wie beim
ersten „Halleluja" über der Brust
gekreuzt, der Kopf leicht geneigt

„Halleluja"

Die Unterarme werden nach vorne gestreckt, die Hände liegen übereinander	„Ehre dir"
Keine Wendung zum Altar hin, die Hände werden auseinandergenommen und hoch erhoben	„Heiliger Geist"
Im Rhythmus des Liedes werden die Arme nun zum Altar hin, dann vom Altar weg in einer weit ausholenden Geste geschwungen, die Füße sollten etwas auseinander stehen, damit der gesamte Körper mitschwingen kann	„dein Reich soll beginnen deine Freude in uns singen deine Liebe soll erfüllen unsre Erde"
Die Tänzer stehen wieder mit dem Gesicht der Gemeinde zugewandt, die Arme werden über dem Kopf in Kelchform erhoben, das Gesicht blickt nach oben	„Halleluja"

Didaktische Anregungen

▦ Einstieg: Text von *M. Enzensberger*

▷ Die Teilnehmer unterstreichen mit zwei verschiedenen Farben die beiden Dimensionen menschlicher Existenz, die in diesem Text angesprochen werden.

– Welche Begriffe verwendet Enzensberger zur Umschreibung von „Seele"?

– Welcher davon spricht die Teilnehmer(innen) am meisten an?

▷ Die Teilnehmer(innen) ergänzen die Reihe durch weitere Formulierungen, die die Bedeutung von „Seele" zum Ausdruck bringen

▦ Meditatives Schreiben:

▷ Die Teilnehmer(innen) schreiben die beiden Worte „Leib" und „Seele" in verschiedenen Größen, Schriften, Farben, Gestalten etc. auf ein Blatt; anschließend haben alle Gelegenheit, die Blätter zu betrachten.

■ Vergleich der beiden Bilder über das Auferweckungsgeschehen:
▷ Welche Aussage machen sie jeweils über den Zeitpunkt, an dem der Mensch nach dem Tod zu Gott kommt?
▷ Die Teilnehmer(innen) suchen eine Erklärung für die unterschiedliche Darstellung.

■ Bibelarbeit:
▷ Die Teilnehmer(innen) vergleichen die Bilder mit den beiden unterschiedlichen Aussagereihen im NT zum Zeitpunkt der Auferstehung (mit Hilfe der Kopiervorlagen) und ordnen sie ihnen zu

■ Die scheinbare Lösung des Dilemmas: Das Leib-Seele-Modell
▷ Impuls: Die Deutung des Todes als Trennung der Seele vom Leib
▷ Die Teilnehmer suchen in Partnerarbeit Argumente gegen das Leib-Seele-Modell und die damit verbundene Deutung des Todes.

■ Impuls: Der Gedanke der Auferstehung im Tod in der neueren Theologie

■ Abschluß: Tanz: *Halleluja, Ehre sei Dir*

5. Auferweckung des Leibes oder Unsterblichkeit der Seele?

Die Problematik

Hoffnung auf Unsterblichkeit der Seele anstatt der Auferstehung

„Wenn wir heute einen Durchschnitts-Christen, sei er Protestant oder Katholik, Intellektueller oder nicht, fragen, was das Neue Testament über das individuelle Los des Menschen nach dem Tode lehrt, so können wir, von wenigen Ausnahmen abgesehen, die Antwort erhalten: ‚die Unsterblichkeit der Seele‘. In dieser Form ist diese Meinung eines der größten Mißverständnisse des Christentums."[42] Jüngste Umfragen bestätigen diesen Befund: Während das NT unmißverständlich die „Auferweckung des Leibes" verkündet, ist für viele die „Unsterblichkeit der Seele" der Inbegriff ihrer Erwartung[43].

Die Auferweckung des Leibes als bloßer „Zusatz"

Diese Kategorie ist nicht nur der jüdisch-christlichen Tradition fremd. Sie klammert vor allem eine für das Menschsein wesentliche Dimension aus, so daß die christliche Zukunftserwartung, die die Auferweckung des ganzen Menschen erhofft, verkürzt erscheint. Daß dies ausgerechnet in einer Zeit geschieht, die von einem ausgeprägten Körperbewußtsein, ja Körperkult bestimmt ist, wirkt auf den ersten Blick unerklärlich und gibt auf den zweiten Anlaß zur Vermutung: Eben weil für viele Menschen ihre Leiblichkeit hier und jetzt das Letzte ist, eben weil sie dafür nichts mehr erhoffen, muß sie in diesem Leben umso mehr gepflegt und kultiviert werden. Umgekehrt wird das Spezifikum der christlichen Hoffnung zu einem bloßen „Zusatz", der existentiell nicht mehr bedeutungsvoll erscheint.

Hoffnung auf die Auferweckung des Leibes im NT

Die christlich-jüdische Anthropologie

Keine Trennung von Leib und Seele

Das NT verkündet die Auferweckung des Menschen durchweg als eine Auferweckung des Leibes. Eine leiblose Existenz war auf dem Hintergrund der jüdischen Anthropologie überhaupt nicht denkbar, da der Mensch dort immer nur als Ganzheit in den Blick genommen wird. Altes wie Neues Testament kennen zwar die Begriffe „Fleisch" (hebräisch: „basar"; griechisch: „sarx") und „Geist" (hebräisch: „nefesch"; griechisch: „pneuma"). Doch dienen sie stets zur Bezeichnung des ganzen Menschen unter einem bestimmten Blickwinkel: „Fleisch" ist der Mensch im Blick auf seine Hinfälligkeit und Sterblichkeit und insofern er sich von Gott abwendet; „Geist" ist er, insofern er sich von Gott erfüllen läßt. Der Mensch *hat nicht* Leib und Seele, sondern er *ist* Leib und Seele. Beide sind aufeinander verwiesen und können nicht einfach getrennt werden. Auf diesem Hintergrund war Auferstehung nicht anders denn als leibhaftige Auferstehung denkbar.

Leibliche Auferstehung bei Paulus

Identität und Differenz von irdischem Leib und Auferstehungsleib nach 1 Kor 15

Die Frage, wie man sich den Auferstehungsleib vorzustellen habe, beschäftigt bereits Paulus:

> 1 Kor 15,35: „Nun könnte einer fragen: Wie werden die Toten auferweckt, was für einen Leib werden sie haben?"

Paulus hält an der Identität des begrabenen irdischen Leibes mit dem neuen Auferstehungsleib fest, doch nicht im Sinne einer materiellen Identität. Um seine Vorstellung näher zu erläutern, greift er zu einer Reihe von Vergleichen:

> 1 Kor 15,36-41: „Auch das, was du säst, wird nicht lebendig, wenn es nicht stirbt. Und was du säst, hat noch nicht die Gestalt, die entstehen wird; es ist nur ein nacktes Samenkorn, zum Beispiel ein Weizenkorn oder ein anderes. Gott gibt ihm die Gestalt, die er vorgesehen hat, jedem Samen eine andere. Auch die Lebewesen haben nicht alle die gleiche Gestalt. Die Gestalt der Menschen ist anders als die der Haustiere, die Gestalt der Vögel anders als die der Fische. Auch gibt es Himmelskörper und irdische Körper. Der Glanz der Sonne ist anders als der Glanz des Mondes, anders als der Glanz der Sterne; denn auch die Gestirne unterscheiden sich durch ihren Glanz."

Am Beispiel der verschiedenen Lebewesen, die unterschiedlich aussehen und doch alle Lebewesen sind, und der Gestirne, die sich in ihrer Gestalt unterscheiden und doch alle Licht spenden, demonstriert Paulus, daß auch bei unterschiedlicher Erscheinungsweise Identität gewährleistet ist. Genauso verhält es sich mit dem Auferstehungsleib: Er ist ganz anders als unser irdischer Leib bzw. der Leichnam – und doch mit der gegenwärtigen leibhaftigen Existenz identisch.

Die Identität der Person hängt nicht an der Identität der Materie

Was bei Paulus deutlich wird, nämlich daß die Identität der Person nicht an der Identität des Leibes bzw. nicht in der Identität der Materie hängt, erfährt seine Bestätigung durch die moderne Biologie: Demnach haben sich alle menschlichen Zellen – und damit die gesamte leibliche Materie – nach einem Zeitraum von sieben Jahren erneuert, ohne daß dies der Identität eines Menschen Abbruch tun würde.

Neutestamentliche Aussagen: Der Leib wird verwandelt

Für Paulus ist es keine Frage, daß dieser neue Leib die Vergänglichkeit und Schwäche der irdischen Existenz überwunden und an Gott selbst teilhat:

---

1 Kor 15,44.49: „Gesät wird ein irdischer Leib, auferweckt ein überirdischer Leib. (...) Wie wir nach dem Bild des Irdischen gestaltet wurden, so werden wir auch nach dem Bild des Himmlischen gestaltet werden."

Diese „Neugestaltung" des Leibes deutet er als schöpferisches Wirken Gottes und als Verwandlung:
1 Kor 15, 51: „Seht, ich enthülle euch ein Geheimnis: Wir werden nicht alle entschlafen, aber wir werden alle verwandelt werden (...)."
Phil 3,20: „Unsere Heimat aber ist im Himmel. Von dorther erwarten wir auch Jesus Christus, den Herrn, als Retter, der unseren armseligen Leib verwandeln wird in die Gestalt seines verherrlichten Leibes (...)."

Die Auferstehungshoffnung richtet sich also auf eine neue, von Gott her verwandelte und verklärte Leiblichkeit, von der wir uns hier und jetzt keinerlei Vorstellung machen können. Die immer wieder aufgeworfene Frage, wie denn die Auferstehungsleiblichkeit von Schwerbehinderten, Unfallopfern, verstümmelten oder verbrannten

Menschen zu denken sei, hat sich vom neutestamentlichen Zeugnis her damit erübrigt.

Übernahme und Kritik des griechischen Modells

Die Rezeption: Die unsterbliche Seele tritt in den Vordergrund

Die Aneignung des griechischen Leib-Seele-Denkens in der frühen Kirche hatte Konsequenzen nicht nur für die Frage nach dem Zeitpunkt der Auferstehung, sondern auch für den *Inhalt* der christlichen Auferstehungshoffnung. Denn wo der Leib als bloßes „Grab der Seele", als beeinträchtigendes und hemmendes Element angesehen wurde, das es zu überwinden gilt, mußte der Gedanke an eine Auferstehung dieses Leibes geradezu töricht erscheinen. Obwohl das NT eindeutig die Botschaft von der Auferweckung des Leibes verkündet, richtete sich die Aufmerksamkeit im Zuge der Rezeption des griechischen Denkens mehr und mehr auf die Unsterblichkeit der Seele. Die nach wie vor gängigen Begriffe wie „Seelsorge", „Seelenheil", „Allerseelen" usw. geben ein beredtes Zeugnis davon. Die Auferweckung des Leibes wurde zwar keineswegs geleugnet. Aber auf die Dauer verblaßte sie mehr und mehr und wurde zu einem regelrechten „Anhängsel" der christlichen Zukunftshoffnung.

Die Kritik am griechischen Modell

Die Kritik an der Hoffnung auf eine bloße Unsterblichkeit der Seele richtete sich, über die im vorangehenden Abschnitt skizzierte dualistische Anthropologie hinaus, auf zwei Aspekte: Zum einen: Wird damit nicht ein wesentlicher Aspekt des Menschseins ausgeklammert – und damit die genuin christliche Hoffnung verfremdet? Zum zweiten: Verstellt die Hoffnung auf die Unsterblichkeit der Seele nicht den Blick für das Wirken Gottes? Denn nach griechischer Vorstellung war die Unsterblichkeit der Menschenseele von vornherein gegeben und von daher eine Selbstverständlichkeit. Demgegenüber war für die christlich-jüdische Tradition das Weiterleben nach dem Tod Werk und Gabe Gottes. Nicht in einer von vornherein unsterblichen Seele gründet die Hoffnung auf die Auferstehung, sondern allein in Gottes Macht und Treue.

Personales Leibverständnis

Die neuere Theologie sucht den Zugang zur Auferweckung des Leibes von einem personalen Leibverständnis her zu erschließen.

„Leib" ist mehr als „Körper"

Als grundlegendes und erstes gilt es, eine verengte physikalische Sicht zu überwinden, die den Leib einfachhin mit dem Körper identifiziert. Würde sich die Leiblichkeit des Menschen auf seinen Körper reduzieren, dann müßte Auferweckung in der Tat gedacht werden als Wiederherstellung des im Tod zerfallenen Körpers. Ein philosophisch-theologisches Verständnis von Leib ist jedoch wesentlich ein *personales* Verständnis, das sich nicht im physikalischen Aspekt erschöpft.

Leib als Ort der Kommunikation und der Geschichtlichkeit

„Leib" unter dieser personalen Perspektive ist die Art und Weise, wie der Mensch in der Welt anwesend ist, und zwar „synchron", mit anderen zusammen ebenso wie „diachron" als Teil der Geschichte. „Leib" bezeichnet zum einen die Art und Weise, wie der Mensch in Beziehung zur Welt und zu anderen Menschen existiert: Ohne Sehen, Hören und den Gebrauch der Sinnesorgane, ohne Berührungen, ohne Hände und Füße wäre dies überhaupt nicht möglich. Im Leib durchbricht er seine Ich-Fixierung, drückt er sich aus; mit und durch den Leib tritt er aus sich heraus und in Kontakt zu anderen, kommuniziert er, berührt er, schafft er Beziehung oder verweigert sie. Zum zweiten ist der Mensch mit seinem Leib in die Geschichte hinein verwoben. Der Leib ist damit nicht nur der Ort der Vergänglichkeit, sondern der Geschichtlichkeit überhaupt.

Die Wiederbelebung des Gedankens von der Auferweckung des Leibes

Der ganze Mensch tritt vor Gott

Wo Leib im skizzierten Sinne personal verstanden wird, da meint Auferweckung des Leibes in der Konsequenz: Der ganze Mensch, mit all seinen Beziehungen und mit seiner ureigenen Geschichtlichkeit tritt vor Gott – nicht nur ein isoliertes Ich, das alle seine Beziehungen und die erlebte Geschichte gewissermaßen im Tod abstreift und zurückläßt.

Mit dem Leib tritt ein Stück Welt vor Gott

Alles was sein Menschsein ausgemacht und konstitutiv dazugehört hat, trägt er hin vor Gott – seine ihm eigene Welt. In diese eigene, persönliche Welt gehören die anderen Menschen hinein, Eltern, Geschwister, Verwandte, Lebenspartner, Kinder, Freunde, Kollegen, schließlich alle, mit denen ein Mensch in irgendeiner Weise zu tun hatte. Denn diese Menschen haben ihn geprägt, ihn zu dem gemacht, der er geworden ist. In die eigene Welt gehört auch die persönliche Geschichte hinein, mit ihrem Gelingen und ihrem Scheitern; nicht nur der letzte Augenblick, sondern alles, was war.

Vollendung ist dann nicht die Vollendung einer geschichtslosen und beziehungslosen Seele, sondern schließt die Vollendung der eigenen Lebensgeschichte und der damit verbundenen Beziehungen ein. In diesem Sinne kann man sagen: In der Auferstehung eines jeden Menschen kehrt ein Stück Welt heim zu Gott.

Kirchliche Lehrentscheidungen

Von Anfang an hat die Kirche sich klar zur Auferweckung des Leibes bekannt.

Frühe Zeugnisse

Das früheste Zeugnis in dieser Hinsicht ist das Glaubensbekenntnis der Kirchenversammlung zu Toledo (675):

„Wie er uns durch seine Auferstehung ein Beispiel gegeben hat (...), so wollen wir jederzeit glauben, daß auch wir am Ende dieser Zeit auferstehen werden, nicht in einem luftigen Schemen (...), sondern in der Substanz des wahrhaften Fleisches, in dem wir jetzt sind und leben."[44]

Daß damit nicht einfach die Wiederherstellung des Körpers gemeint war, sondern daß die Synode bereits einen differenzierten Begriff von „Leib" hatte, zeigt der unmittelbar nachfolgende Satz:

„Zur Zeit des Gerichtes werden wir vor Christus und seinen heiligen Engeln dastehen und ein jeder wird das, *was er im Leib Gutes oder Böses getan hat*, berichten (...)."

Spätere Texte greifen dieses Bekenntnis zur Auferstehung des Leibes auf.

Das Schreiben der Glaubenskongregation zur Eschatologie (1979)

Das jüngste Schreiben der Glaubenskongregation zur Eschatologie enthält demgegenüber die auf den ersten Blick mißverständliche Äußerung, „daß das ‚menschliche Ich‘ selbst (...) jedoch ohne die Ergänzung eines Leibes fortbesteht."[45]

Andererseits wird zu Beginn unmißverständlich festgehalten: „Die Kirche versteht diese Auferstehung so, daß sie sich auf den *ganzen* Menschen bezieht (...)."[46]

Möglicherweise kommt der Widerspruch dadurch zustande, daß mit dem lateinischen „corporis", das hier mit „Leib" übersetzt wird, ebenso aber auch den „Körper" bezeichnen kann, nicht der Leib, sondern der Körper gemeint ist. Wenn „corporis" mit „Körper" übersetzt wird, dann ist die Formulierung stimmig: Der Mensch hat im Tod in der Tat keinen Körper mehr.

Zitate

„Mit ‚Körper' wird die materielle, sich in Raum und Zeit ausdehnende Wirklichkeit des Menschen *rein ‚in sich'* bezeichnet (also seine Haut, sein Fleisch und Blut, seine Knochen, eben das biologisch-chemische Substrat, das er mit den anderen Lebewesen dieser Erde gemeinsam hat). ‚Leib' dagegen ist ein viel weiterer Begriff; er meint die ganze welthaft-geschichtliche-materielle Selbstdarstellung des Menschen als Person. Dieser Leib ist ein wesentliches, unverzichtbares Moment des vollendeten Lebens der Auferstehung. Dagegen kann das Körperliche ‚rein in sich' durchaus der Erde und ihren biologischen Gesetzen des Vergehens und Neuwerdens übergeben werden."[47]

„So gesehen, bedeutet die anthropologische Größe ‚Leib' immer schon mehr als nur ‚individuelle Leiblichkeit'. Denn der Leib (und das durch den Leib gegebene In-der-Welt-Sein) ist die transzendentale Bedingung dafür, daß der Mensch sich in die Welt hinein ‚auslegt', d. h. daß er durch den Ausdruck seiner Freiheit immer auch – und mag es auch noch so geringfügig sein – ein Stück Welt gestaltet, prägt, umformt, und zwar so, daß dies gleichzeitig in Relation zu den übrigen und für die übrigen Menschen geschieht."[48]

„Es ist wie bei einer Tischdecke; man greift an *einer* Stelle, und sie hebt sich doch ganz empor. So führt jeder von uns einen Bruchteil des Seins (...) zu Gott zurück. Durch jedes unserer Werke arbeiten wir mit, atomhaft, aber wirklich, das Pleroma (wörtl: die Fülle, das Ganze – die Verf.) aufzubauen."[49]

„Der Mensch tritt im Tod in seine Vollendung immer nur als jemand ein, der in Beziehung zu anderen Menschen steht, mit denen er in einer gemeinsamen Geschichte und Gesellschaft verbunden ist; der in Beziehung steht zur Kultur und zur Technik, welche er sich als menschliche Lebenswelt schafft; der fernerhin in Beziehung steht zur Natur, die ihm als menschliche Umwelt anvertraut ist. ‚Auferstehung des Leibes' meint deswegen: Der Mensch als relationales Wesen wird nur mit seinen je besonderen, bleibenden Beziehungen zur mitmenschlichen, kulturellen und natürlichen Welt vollendet, die ihn erst zu der konkreten, geschichtlichen Person machen. Diese Beziehungen brechen im Tod in ihrer empirischen, raumzeitlich gebundenen (‚körperhaften') Erscheinungsweise ab; wenn aber der Tod nicht nur Ende, sondern auch Vollendung bedeutet, dann ist der

Mensch genau *in* diesen seinen geschichtlichen Beziehungen endgültig ‚aufgehoben‘.“[50]

Materialien

Texte

D. Grünbein: Den Teuren Toten[51]

Sie nimmt mich mit, die Traurigkeit der Körper.
Ekstasen, Schleim, die leeren Hülsen Haut.
Was da ins All abgeht, verrenkt, zerpulvert,
Lief einmal aufrecht, lächelnd, leichtgebaut.
Was dir bevorsteht, siehst du früh bei andern.
Erschreckend klar ... Zukunft durch Nichts ersetzt.
Leben ist ein Nullsummenspiel. Zuletzt
bleibt im Gedächtnis nicht einmal dein eigener Tod.

Grabinschrift von Benjamin Franklin

Hier ruht, Speise für die Würmer,
der Körper von Benjamin Franklin,
Buchdrucker,
gleich dem Deckel eines alten Buches,
aus welchem die Blätter gerissen,
dessen Einband abgebraucht ist,
aber das Werk wird nicht verloren sein,
denn es wird wieder erscheinen,
so hofft er,
in einer neuen Auflage,
durchgesehen und verbessert vom Verfasser.

J. Jewtuschenko: „Die eigene Welt“[52]

Jeder hat seine eigene, geheime, persönliche Welt.
Es gibt in dieser Welt den besten Augenblick,
es gibt in dieser Welt die schrecklichste Stunde;
aber dies alles ist uns verborgen.
Und wenn ein Mensch stirbt,

dann stirbt mit ihm sein erster Schnee
und sein erster Kuß und sein erster Kampf ...
All das nimmt er mit sich.

Bild

Lucia Signorelli: Auferstehung der Toten. Fresko, Kathedrale von Orvieto, 1499–1504[53]

Gelenkte Phantasiereise[54]

Ich bin Leib

Nimm ganz bewußt wahr, daß du einen Leib hast. Achte darauf, wo
seine Grenzen sind und wo er anderes berührt: den Boden, die Sitz-
fläche des Stuhles, die Rückenlehne, den Tisch. – Spüre diesen
Berührungen nach. –
– Wozu brauchst du deinen Leib? Wozu ist er gut? –
– Spüre dein Gesicht, eine Augen, deinen Mund, eine Nase:
  Damit bringst du Dein Inneres zum Ausdruck. Du lächelst, lachst,
  weinst, schreist, sprichst, rümpfst die Nase, verziehst den Mund,
  rollst die Augen. –
– Spüre deinen Oberkörper, deine Arme, deine Hände:
  Du begegnest damit anderen Menschen. Du gibt ihnen die Hand,
  die berührst sie, du umarmst sie, du drückst sie an dich. – Und
  auch: Du stößt sie von dir weg. Du hältst sie auf Distanz, hältst
  sie dir vom Leib. Du schaffst Beziehung oder du verweigerst
  sie. –
– Spüre deine Beine und Füße. Mit ihnen bewegst du dich fort. Du
  gehst langsam oder schnell, springst, hüpfst, kniest dich nie-
  der. –
– Was alles kannst du noch mit deinem Leib anfangen? –
– Mit deinem Leib bist du in der Welt. Du bist mit ihm in diese Welt
  hinein verflochten. Ohne ihn könntest du keinen Kontakt zu anderen aufnehmen. Ohne ihn wärst du wie festgenagelt. Ohne ihn
  kämst du nicht zur Welt, und umgekehrt die Welt auch nicht zu
  dir. –
– Dein Leib ist zugleich auch deine Geschichte. Er trägt die Spuren
  deiner Lebensgeschichte. In dein Gesicht sind diese Spuren ein-
  gegraben. Vielleicht merkst du Falten. Vielleicht hast du graue
  Haare. Vielleicht spürst du, daß dein Rücken gebeugt ist von der
  Last dieser Geschichte, oder daß deine Beine schwer geworden
  sind. –
– Mit deinem Leib bist du in die Zeit und in diese Geschichte hinein verwoben. –
– Dein Leib ist darum untrennbar mit dir verbunden. Er gehört untrennbar zu deinem Ich. Spüre dieser Verbindung noch einmal
  nach. Du bist dein Leib. –
– Jetzt räkele und strecke dich. Öffne langsam die Augen. Schüttle
  Arme und Beine aus. Bewege die einzelnen Teile deines Körpers
  und steh Schritt für Schritt auf.

Didaktische Anregungen

▓ Einstieg: Vergleich des Gedichts von *D. Grünbein* mit der Grabinschrift von *B. Franklin*:
▷ Welches sind die Gemeinsamkeiten? Worin liegen die Unterschiede?
▷ Die Teilnehmer(innen) entwerfen einen Text für ihre Grabinschrift, in der ihre persönliche Hoffnung zur Sprache kommen kann.

▓ Bibelarbeit:
▷ Die Teilnehmer(innen) erarbeiten die Grundaussage der biblischen Stellen (Kopiervorlage), die von der Auferweckung des Leibes sprechen.

▓ Impuls:
An die Stelle der christlichen Hoffnung auf die Auferweckung des Leibes trat im Lauf der Zeit mehr und mehr die Hoffnung auf die Unsterblichkeit der Seele.
▷ Die Teilnehmer(innen) suchen Argumente *gegen* das griechische Modell einer Leib-Seele-Trennung und *für* die Zusammengehörigkeit bzw. wechselseitige Verwiesenheit von Leib und Seele.

▓ Wie ist Auferstehung des Leibes zu denken?
▷ Das Bild „Weltgericht" wird präsentiert:
– Wie dachte und gestaltete der Künstler hier die „Auferstehung des Leibes"?
– Vergleich des Bildes mit 1 Kor 15
▷ Bewertung des Bildes: Stößt die Darstellung bei den Teilnehmer(innen) auf Zustimmung oder auf Ablehnung? Wie begründen sie ihre Antwort?
▷ Was würden sie an dem Bild verändern, damit es ihrer Vorstellung entspricht?

▓ Metaphernmeditation*: „Mein Leib ist wie ..."
▷ Indem die Teilnehmer(innen) den Satz durch eine für sie passende Metapher ergänzen, kann ein Bewußtsein dafür geschaffen werden, daß der Leib mehr ist als nur der Körper.

▓ Phantasiereise*: „Ich bin Leib"
▷ Auswertung: Die Teilnehmer(innen) malen oder skizzieren das

Bild von sich, das ihnen nach der Phantasiereise am stärksten haften geblieben ist.

▨ Impuls: Personales Leibverständnis und Auferweckung des Leibes in der neueren Theologie

▨ Schreibmeditation: Was bringe ich alles mit vor Gott, wenn ich einmal sterbe?

▷ Die Teilnehmer(innen) bekommen die Möglichkeit, sich in Stille zurückzuziehen und ihre persönlichen Gedanken niederzuschreiben. Zuvor muß vereinbart werden, ob hinterher die Meditation vorgelesen werden soll oder nicht.

▨ Abschluß: Text von *J. Jewtuschenko*

6. „Er wird wiederkommen ...":
Die Wiederkunft Christi und das Ende der Welt

Die Problematik

„Er wird wiederkommen": Von Anfang an ist es feste Überzeugung der Christen, die sich auch im Glaubensbekenntnis niedergeschlagen hat, daß Jesus Christus nicht nur in diese Welt gekommen ist, sondern einmal wiederkommen wird. Er wird wiederkommen, um die Gottesherrschaft in ihrer ganzen Fülle aufzurichten und zugleich das Ende dieser Welt heraufzuführen. Die Hoffnung auf diese Wiederkunft und ihre zeitliche Situierung traten in der Geschichte des Christentums – und treten nach wie vor – in einer eigentümlichen Spannung zutage.

Einerseits:
Die Erwartung
des Weltendes ist
kein Thema

Einerseits spielt die Aussicht auf die Wiederkunft Christi und das damit verbundene Ende – in der christlichen Tradition der „Jüngste Tag" – im Glaubensbewußtsein der Durchschnittschristen keine besondere Rolle. Kaum jemand lebt in der bewußten Erwartung, daß der Jüngste Tag heute, morgen oder im Laufe des eigenen Lebens über die Menschheit hereinbrechen werde.

Andererseits: Das
baldige Ende wird
prognostiziert

Auf der anderen Seite war die Jahrtausendwende für verschiedenste religiöse Strömungen und Sekten der Anlaß, das baldige Ende der Welt zu prognostizieren, zwar vielfach unter Berufung auf die Heilige Schrift selbst. Daß dies bei vielen gläubigen Menschen Unsicherheit und Irritationen hervorrief – und nach wie vor hervorruft – liegt auf der Hand. Bereits die Wende vom ersten zum zweiten Jahrtausend hatte eine massive Weltuntergangsstimmung ausgelöst. Daneben hat es immer wieder konkrete zeitliche Vorhersehungen und Berechnungen des Weltendes gegeben.

Die Naherwartung
Jesu

In das Gewirr der Stimmen mischt sich schließlich noch die der Exegeten, die, zumindest zu einem beträchtlichen Teil, der Überzeugung sind, daß Jesus selbst und mit ihm die frühe Kirche ganz und gar in der „Naherwartung" gelebt und schon in Bälde das Reich Gottes bzw. die Vollendung erwartet haben. Wenn dies tatsächlich der Fall ist – wie gehen wir damit um, daß sich diese Erwartung bis heute nicht erfüllt hat? Und gibt das NT überhaupt irgendeine Auskunft über den Zeitpunkt des Weltendes und der Vollendung?

Die Naherwartung Jesu

Reich-Gottes-Erwartung als Naherwartung

Inbegriff der Erwartung Jesu ist der endgültige Anbruch der Gottesherrschaft. Das Ziel der Geschichte Gottes mit den Menschen ist demnach dann erreicht, wenn das Reich Gottes nicht nur ansatzweise, sondern voll und ganz Wirklichkeit geworden ist.

Die Evangelien, insbesondere die synoptische Tradition, lassen darauf schließen, daß Jesus den endgültigen Anbruch der Gottesherrschaft in der Tat noch zu Lebzeiten seiner Zuhörer erwartet hat.

Das Gleichnis vom Feigenbaum

Die dynamische Spannung zwischen dem „jetzt schon“ und „noch nicht“ des Anbruchs der Gottesherrschaft verträgt keinen langen Zeitraum. Besonders deutlich wird dies im Gleichnis vom Feigenbaum:

> Mk 13,28: „Lernt etwas aus dem Vergleich mit dem Feigenbaum! Sobald seine Zweige saftig werden und Blätter treiben, wißt ihr, daß der Sommer nahe ist. Genauso sollt ihr erkennen, wenn ihr (all) das geschehen seht, daß das Ende vor der Tür steht.“

So wie in Israel auf das Blätter-Treiben der Feigenbäume sofort und unmittelbar der Sommer kommt, so unmittelbar kommt die Gottesherrschaft. Daß eine Generation die Zeichen – „Saftig-Werden der Zweige“ – erfährt, das in den Zeichen Angekündigte – „Nahen des Sommers“ – aber erst später eine andere, würde keinen Sinn machen, denn dann wären die Zeichen ja gerade ihres Zeichencharakters beraubt.

Die rasche Aussendung der Jünger

Die Jüngeraussendung Jesu steht ganz unter dem Zeichen der Dringlichkeit (vgl. Mk 6,6-13; Mt 9,35-11,1; Lk 9,1-6; 10, 1-20).

> Am deutlichsten bringt Mt 10,23 die Kürze der Zeit zum Ausdruck:
> „Amen, ich sage euch: Ihr werdet nicht zu Ende kommen mit den Städten Israels, bis der Menschensohn kommt.“

Die Worte über „dieses Geschlecht“

Die Worte Jesu über „diese Generation“ bzw. „dieses Geschlecht“ richten sich an die Generation zu seinen Lebzeiten, an das gegenwärtige Israel, insofern es Jesu Botschaft vom Reich Gottes ablehnt (vgl. Mk 8,12 parr. 38; 9,19 parr; 13,30 parr; Mt 11,16 parr; 12,42 parr. 45; 23,36 parr; Lk 11,30; 17,25).

Vor allem Mk 13,30 macht deutlich, daß „dieses Geschlecht“ die letzte Generation ist bzw. vor einer letzten Entscheidung steht:

„Amen, ich sage euch, diese Generation wird nicht vergehen, bis das alles eintrifft.“

In eine ähnliche Richtung weist Mk 9,1 (par Mt 16,28; Lk 9,27):

„Amen, ich sage euch: Von denen, die hier stehen, werden einige den Tod nicht erleiden, bis sie gesehen haben, daß das Reich Gottes in (seiner ganzen) Macht gekommen ist.“

Die Plötzlichkeit des Gerichts

Kennzeichnend für die Gerichtspredigt Jesu ist das Motiv der Unverhofftheit und Plötzlichkeit, das nicht auf eine lange Wartezeit schließen läßt:

Lk 12,39: „Bedenkt: Wenn der Herr des Hauses wüßte, in welcher Stunde der Dieb kommt, so würde er verhindern, daß man in sein Haus einbricht.“

Lk 21,34f: „Nehmt euch in acht, daß Rausch und Trunkenheit und die Sorgen des Alltags euch nicht verwirren und daß jener Tag euch nicht plötzlich überrascht, (so) wie (man in) eine Falle (gerät) (…).“

Die Aufforderung
zur Wachsamkeit

Dieser Unverhofftheit entspricht die Aufforderung zu ständiger Bereitschaft und Wachsamkeit. Auch sie macht nur Sinn, wenn das Ende für die allernächste Zukunft erwartet wird:

> Mk 13,35: „Seid also wachsam! Denn ihr wißt nicht, wann der Hausherr kommt, ob am Abend oder um Mitternacht, ob beim Hahnenschrei oder erst am Morgen."
>
> Mt 24,43f (vgl. auch 24,50): „Bedenkt: Wenn der Herr des Hauses wüßte, zu welcher Stunde in der Nacht der Dieb kommt, würde er wach bleiben und nicht zulassen, daß man in sein Haus einbricht. Darum haltet auch ihr euch bereit!"
>
> Lk 12,35f.40: „Legt euren Gürtel nicht ab, und laßt eure Lampen brennen! Seid wie die Menschen, die auf die Rückkehr ihres Herrn warten, der auf einer Hochzeit ist, und die ihm öffnen, sobald er komm und anklopft. (...) Haltet auch ihr euch bereit! Denn der Menschensohn kommt zu einer Stunde, in der ihr es nicht erwartet."

Das Letzte Mahl

Manche Exegeten verstehen auch das letzte Mahl Jesu im Horizont der Naherwartung, insofern Jesus neben seinem Tod gleichzeitig die unmittelbare Nähe der Gottesherrschaft ankündigt:

> Mk 14,25: „Amen ich sage euch: Ich werde nicht mehr von der Frucht des Weinstocks trinken bis zu dem Tag, an dem ich von neuem davon trinke im Reich Gottes."

Die Hoffnung auf die baldige Wiederkunft Christi

Stand für Jesus selbst die baldige Vollendung der Gottesherrschaft im Mittelpunkt seiner Erwartung, so wurde für die urchristliche Gemeinde die Wiederkunft Christi zum zentralen Hoffnungsinhalt. Zwar wurde die Erwartung der Gottesherrschaft keineswegs aufge-

*Bindung der endzeit-
lichen Ereignisse
an die Person Jesu
Christi*

geben, aber ihr Kommen an die Person Jesu Christi gebunden, der als „Menschensohn" wiederkommen und Gericht halten werde. Die Reich-Gottes-Botschaft bekam auf diese Weise eine durch und durch christologische Prägung.

*Neutestamentliche
Zeugnisse*

> 1 Thess 3,12f (vgl. 1 Thess 5,23): „Euch aber lasse der Herr wachsen und reich werden in der Liebe zueinander und allen, wie auch wir euch lieben, damit (...) ihr ohne Tadel seid, geheiligt vor Gott, unserem Vater, wenn Jesus, unser Herr, mit allen seinen Heiligen kommt."
>
> 1 Thess 4,16: „Denn der Herr selbst wird vom Himmel herabkommen, wenn der Befehl ergeht, der Erzengel ruft und die Posaune Gottes erschallt."
>
> Mk 13,37 (par Mt 24,30; Lk 21,27): „Dann wird man den Menschensohn mit großer Macht und Herrlichkeit auf den Wolken kommen sehen."

*Wiederkunft als
Parusie*

Das NT und die Theologie in seinem Gefolge sprechen von der Wiederkunft Christi auch als „Parusie", wörtlich: „Sich-Zeigen", „Heraustreten". Die Pastoralbriefe verwenden den parallelen Begriff „Epiphanie", wörtlich: „Erscheinung". Beide Begriffe werden im AT auf Gott selbst bezogen und bezeichnen dort sein Heraustreten aus der Verborgenheit.

*Neutestamentliche
Zeugnisse*

> 1 Tim 6,14: „Erfülle deinen Auftrag rein und ohne Tadel, bis zum Erscheinen Jesu Christi, unseres Herrn (...)."
>
> 2 Tim 4,1: „Ich beschwöre dich bei Gott und bei Christus Jesus, dem kommenden Richter der Lebenden und der Toten, bei seinem Erscheinen und seinem Reich."
>
> 2 Tim 4,8: „Schon jetzt liegt für mich der Kranz der Gerechtigkeit bereit, den mir der Herr, der gerechte Richter, an jenem Tag geben wird, aber nicht nur mir, sondern allen, die sehnsüchtig auf sein Erscheinen warten."

> Tit 2,13: „(...) während wir auf die selige Erfüllung unserer Hoffnung warten: auf das Erscheinen der Herrlichkeit unseres großen Gottes und Retters Christus Jesus."
>
> 1 Joh 2,28: „Und jetzt, meine Kinder, bleibt in ihm, damit wir, wenn er erscheint, die Zuversicht haben und bei seinem Kommen nicht zu unserer Schande von ihm gerichtet werden."

Der nachösterliche Wandel der Naherwartung

An die Stelle der Erwartung der Gottesherrschaft tritt die Erwartung Christi

Mit der nachösterlichen Konzentration auf die Parusie Jesu Christi wandelte sich der Inhalt der Naherwartung. An die Stelle der Naherwartung der Gottesherrschaft trat die Naherwartung der Wiederkunft Jesu Christi. Zwar lassen sich die Vollendung der Gottesherrschaft und die Wiederkunft Christi nicht als verschiedenen Inhalte gegeneinander ausspielen, sondern sind gewissermaßen die beiden Seiten derselben Medaille. Dennoch vollzog sich im Bezug auf die Naherwartung ein deutlicher Perspektivenwechsel. Durch die Erfahrung der Auferweckung Jesu wurde die baldige Erwartung der Parusie wohl noch intensiviert, so daß gegenüber der Erwartung der Reich-Gottes-Vollendung bei Jesus fast noch ein stärkerer Termindruck geschaffen wurde.

Die baldige Erwartung der Parusie

Vom inhaltlichen Wandel der Naherwartung hin zur Erwartung der baldigen Parusie Christi geben verschiedene Schriften im NT Zeugnis.

Bei Paulus

So ist die Theologie des Paulus ganz und gar davon bestimmt:

> 1 Kor 10,11: „Das aber geschah an ihnen, damit es uns als Beispiel dient; uns zur Warnung wurde es aufgeschrieben, uns, die das Ende der Zeiten erreicht hat."
>
> 1 Thess 4,15: „Wir, die Lebenden, die noch übrig sind, wenn der Herr kommt, werden den Verstorbenen nichts voraushaben."

1 Thess 5,1f: „Über Zeit und Stunde, Brüder, brauche ich euch nicht zu schreiben. Ihr selbst wißt genau, daß der Tag des Herrn kommt wie ein Dieb in der Nacht."

Röm 13,11: „Bedenkt die gegenwärtige Zeit: Die Stunde ist gekommen, aufzustehen vom Schlaf. Denn jetzt ist das Heil uns näher als zu der Zeit, da wir gläubig wurden."

Phil 4,5: „Eure Güte werde allen Menschen bekannt. Der Herr ist nahe."

Bei Paulus führte diese Überzeugung zu einer deutlichen Distanz gegenüber den irdischen Verhältnissen und auch gegenüber der Ehe:

1 Kor 7,29: „Denn ich sage euch, Brüder: Die Zeit ist kurz. Daher soll, wer eine Frau hat, sich in Zukunft so verhalten, als habe er keine, wer weint, als weine er nicht, wer sich freut, als freue er sich nicht, wer kauft, als würde er nicht Eigentümer, wer sich die Welt zunutze macht, als nutze er sie nicht; denn die Gestalt dieser Welt vergeht."

Im 1. Petrusbrief

Auch 1 Petr rechnet mit einem baldigen Anbruch der Endzeit:
1,6: „Deshalb seid ihr voll Freude, obwohl ihr jetzt vielleicht kurze Zeit unter mancherlei Prüfungen leiden müßt."
4,7: „Das Ende aller Dinge ist nahe. Seid also besonnen und nüchtern, und betet!"
5,10: „Der Gott aller Gnade aber, der euch in (der Gemeinschaft mit) Christus zu seiner ewigen Herrlichkeit berufen hat, wird euch, die ihr kurze Zeit leiden müßt, wiederaufrichten, stärken, kräftigen und auf festen Grund stellen."

Das Problem der Parusieverzögerung im NT

*Unsicherheit über
die Wiederkunft
Jesu*

Zum „Problem" wurde die Naherwartung mit dem Ausbleiben der Wiederkunft Christi. Als die erste Generation starb, ohne daß das erwartete Ende eingetreten war, gerieten die frühen Gemeinden in einen gewissen Erklärungsnotstand; in den Gemeinden machte sich Enttäuschung bis hin zur Verbitterung breit. Deutlich spiegelt sich dies im 2. Petrusbrief wieder:

> 2 Petr 3,3: „Am Ende der Tage werden Spötter kommen, die sich nur von ihren Begierden leiten lassen und höhnisch sagen: Wo bleibt denn seine verheißene Ankunft?"

*Verschiedene
Versuche, das Aus-
bleiben der Parusie
zu erklären*

Dabei finden wir im NT verschiedene Erklärungsmöglichkeiten und Versuche, mit dem Ausbleiben der Parusie fertig zu werden:
In den Evangelien stehen der Ankündigung der baldigen Vollendung der Gottesherrschaft Worte des „Nichtwissens" gegenüber. Nach Übereinkunft der Exegese stammen sie nicht von Jesus selbst, sondern sind nachösterlicher Herkunft, mit dem Sinn, das Ausbleiben der Parusie zu entschärfen:

*Die Zurückweisung
eines festen Termins*

> Mk 13,32 (par Mt 24,36): „Doch jenen Tag und jene Stunde kennt niemand, auch nicht die Engel im Himmel, nicht einmal der Sohn, sondern nur der Vater."
>
> Lk 17,20: „Das Reich Gottes kommt nicht so, daß man es an äußeren Zeichen erkennen könnte."
>
> Eine Absage an jegliche Terminfestlegung erteilt auch Apg 1,6f:
> „Als sie nun beisammen waren, fragten sie ihn: Herr, stellst du in dieser Zeit das Reich für Israel wieder her? Er sagte zu ihnen: Euch steht es nicht zu, Zeiten und Fristen zu erfahren, die der Vater in seiner Macht festgesetzt hat."

*Das andere
Zeitmaß Gottes*

1 Petr 3,8 verteidigt die Parusieverzögerung mit dem anderen Zeitmaß Gottes:
„Das eine aber, liebe Brüder, dürft ihr nicht übersehen: daß beim Herrn ein Tag wie tausend Jahre und tausend Jahre wie ein Tag sind."

*Die Parusieverzöge-
rung als Moment
im Heilsplan Gottes*

Die Apostelgeschichte hält zwar prinzipiell an der Naherwartung fest. Dem Problem der Parusieverzögerung begegnet sie, indem sie die Zeit der Kirche als heilsgeschichtlich bedeutsame „Zwischenzeit" bis zur Wiederkunft Jesu darstellt.

Der Autor von 1 Petr beruft sich ebenfalls darauf, daß die Verzögerung im Heilsplan Gottes selbst begründet liegt: Gott möchte den Menschen noch eine Chance zur Umkehr geben:
„Der Herr zögert nicht mit der Erfüllung der Verheißung, wie einige meinen, die von Verzögerung reden; er ist nur geduldig mit euch, weil er nicht will, daß jemand zugrunde geht, sondern daß alle sich bekehren." (3,9)

2 Thess hingegen begründet hingegen die Parusieverzögerung damit, daß sich zuerst die große Abwendung von Gott ereignen müsse:
2,2–4: „Laßt euch nicht so schnell aus der Fassung bringen und in Schrecken jagen, wenn in einem prophetischen Wort oder einer Rede oder einem Brief, der angeblich von uns stammt, behauptet wird, der Tag des Herrn sei schon da. Laßt euch durch niemand und auf keine Weise täuschen! Denn zuerst muß der Abfall von Gott kommen und der Mensch der Gesetzwidrigkeit erscheinen, der Sohn des Verderbens, der Widersacher, der sich über alles, was Gott oder Heiligtum heißt, so sehr erhebt, daß er sich sogar in den Tempel Gottes setzt und sich als Gott ausgibt."

Der Aufruf zum Durchhalten

Den Spätschriften des NT bleibt nur der Aufruf zum Durchhalten:

> Hebr 10,35–37: „Werft also eure Zuversicht nicht weg, die großen Lohn mit sich bringt. Was ihr braucht, ist Ausdauer, damit ihr den Willen Gottes erfüllen könnt und so das verheißene Gut erlangt. Denn nur noch eine kurze Zeit, dann wird der kommen, der kommen soll, und er bleibt nicht aus.“

Die Geschichte der Naherwartung in der Kirche

Aus „Naherwartung“ wird „Stetsbereitschaft“

Aus der Naherwartung wird im Lauf der Zeit eine „Stetsbereitschaft“, die jederzeit in Wachsamkeit mit dem Kommen Jesu rechnen muß. Allerdings konnte eine solche „Stetsbereitschaft“ auf die Dauer keine echte Lösung sein. Denn immer wachsam und bereit zu sein, mußte die Menschen zwangsläufig überfordern. Vor allem aber ließ sich, je länger die „Zwischenzeit“ andauerte, die endzeitliche Spannung umso weniger aufrechterhalten.

Verblassen in der Großkirche und Wiederaufleben in den Sekten

Eben dies war das Dilemma der von der „offiziellen“ Kirche verkündeten christlichen Zukunftshoffnung. Hier mußte die Naherwartung zwangsläufig verblassen. Die Hoffnung auf Vollendung spielte kaum mehr eine Rolle. Im Unterschied zu Großkirche nahm der Naherwartungsgedanke in einzelnen Gruppierungen, auch sektenhafter und häretischer Art, einen anderen Weg: Angefangen von den Montanisten haben Gruppen in immer wiederkehrenden Schüben die Naherwartung zu intensivieren suchten – und sich selbst oft genug dadurch ad absurdum geführt.

Unterschiedliche Interpretationen für das Ausbleiben von Naherwartung und Parusie in der gegenwärtigen Theologie

Die nicht eingetroffene Naherwartung bzw. Parusie beschäftigt die Theologie bis heute immer wieder aufs neue. Im Bemühen, dafür eine plausible Erklärung zu finden, hat sie verschiedene Interpretationsversuche vorgelegt. Daraus ergeben sich im einzelnen durchaus unterschiedliche Schlußfolgerungen, was über den „Zeitpunkt“ der Vollendung ausgesagt werden kann.

Im Blick auf das Nichteintreffen der Naherwartung Jesu

▨ Unterschiedliche Argumente beziehen sich auf das Nichteintreffen der Naherwartung Jesu:

– Jesus hat sich mit seiner Ankündigung der baldigen Vollendung der Gottesherrschaft schlicht und einfach geirrt. – Sehen die einen darin einen Angriff auf die Gottessohnschaft Jesu, ist diese Vorstellung für andere nicht weiter anstößig, sondern vielmehr Ausdruck von Jesu wahrer Menschlichkeit, zu der gerade nicht Allwissenheit zählt.

– Die Naherwartung Jesu war eine zeitgebundene Vorstellung, die Jesus aus der Apokalyptik übernommen hat. Als Kind seiner Zeit konnte er gar nichts anderes vertreten. – Diese These entschärft die Problematik, löst sie allerdings nicht.

– Jesus verkündete die baldige Vollendung der Gottesherrschaft, weil er davon ausging, daß die Menschen seine Botschaft auch annehmen und seinem Aufruf zur Umkehr folgen würden. Wären sie in diesem Sinne zu „Mitarbeitern" am Reich Gottes geworden, dann wäre die Vollendung in der Tat rasch eingetreten. Weil dies jedoch nicht der Fall war, weil sie seiner Botschaft kein Gehör schenkten und sich Jesus verweigerten – bis dahin, daß sie ihn ans Kreuz schlugen – konnte die Gottesherrschaft in ihrer Vollendung nicht anbrechen. Das Ausbleiben der Naherwartung ist in diesem Sinne kein Irrtum Jesu, sondern eine Folge menschlicher Entscheidung bzw. menschlicher Freiheit. – Hier stellt sich allerdings die Frage, warum Jesus auch noch angesichts der offenen Feindschaft gegen ihn an der Naherwartung festhielt.

Keine zeitliche, sondern ethische oder existentiale Interpretation

▨ Andere Erklärungsversuche interpretieren die Naherwartung Jesu nicht zeitlich, sondern in einem anderen – ethischen oder existentialen – Sinn:

– Die eigentliche Intention der Naherwartung Jesu waren nicht Aussagen über das Weltende, sondern die Ermahnung zur Verantwortlichkeit und zu ethischem Verhalten. – Hier wird die eschatologische Botschaft Jesu auf reine Ethik reduziert; vom zukünftigen Heil ist nicht mehr die Rede.

– Die Naherwartung Jesu ist nicht zeitlich, sondern existential zu interpretieren: Wenn er von der Nähe der Gottesherrschaft spricht, geschieht das nicht im Sinne einer zeitlichen Nähe, sondern im Sinne einer ständigen Unmittelbarkeit Gottes zum Menschen. – In diesem Zusammenhang stellt sich die Frage, wie denn ein Kommen Gottes zu verstehen ist, das nahe, aber doch nicht zeitlich nahe ist.

– Wenn Jesus von der Nähe der Gottesherrschaft spricht, bezieht er sich damit nicht auf die Zukunft, sondern auf die ständige Bereitschaft des Menschen, sich hier und jetzt für Gott und sein Reich zu entscheiden. – Die zeitliche Dimension wird damit ganz auf den Augenblick der existentiellen Glaubensentscheidung reduziert.

Aufgrund der Unvereinbarkeit von Zeit und Ewigkeit: Vollendung im Tod

■ Ein dritter Interpretationsansatz geht aus von der Unvereinbarkeit von Zeit und Ewigkeit (vgl. den nachfolgenden Abschnitt): Weil es bei Gott keine Zeit gibt, ereignet sich die Wiederkunft Christi und das Geschehen der Vollendung – und damit auch das, was die Theologie „Jüngster Tag" nennt – im Tod selbst – und nicht zu einem viel späteren Zeitpunkt. Damit ist das Gottesreich bzw. die Parusie so nah wie für jeden Menschen sein eigener Tod nah ist. – Hier stellt sich allerdings die Frage, ob Jesus ein solches Bewußtsein von Zeitlichkeit und Ewigkeit hatte.

Keine eindeutige Lösung

Die unterschiedlichen Thesen haben jede auf ihre Weise ein mehr oder minder überzeugendes Maß an Plausibilität. Eine „eindeutige" und völlig unumstrittene Lösung zeichnet sich jedoch nicht ab.

Einige Überlegungen zu Zeit und Ewigkeit

Das Denken in zeitlichen Kategorien

Die beiden erstgenannten Interpretationsansätze gehen von einem Grundsatz aus, der sich durch den breiten Strang der vergangenen und auch der gegenwärtigen Theologie zieht. Dieser Grundsatz lautet: Die Wiederkunft Jesu Christi ereignet sich zu irgendeinem zukünftigen Zeitpunkt, indem sie unvermittelt in die geschichtlichen Abläufe dieser Welt und in die ablaufende Zeit einbricht. Mit der Wiederkunft und der Vollendung hat die Weltzeit dann auch definitiv ein Ende. Die Theologie bezeichnet dieses Ende als „der Jüngste Tag" – der „jüngste" ist zugleich der „letzte" Tag in unserer Zeitrechnung.

Die Kritik an dieser Weise des Denkens

Kritik an der Übertragung zeitlicher Kategorien auf die „letzten Dinge"

Eben dieses Denken in zeitlichen Kategorien stößt im Blick auf „die letzten Dinge" vermehrt auf Kritik. So wird gefragt: Können und dürfen zeitliche Kategorien einfach auf das Zu-Gott-Kommen und die „Ewigkeit" des Lebens bei Gott übertragen werden? Ist die „Zeitenthobenheit" der letzten Dinge überhaupt mit zeitlichen Kategorien zu erfassen? Kann man überhaupt sagen, daß Gott bzw. die Parusie Jesu Christi zu einem bestimmten Zeitpunkt kommt?

Kritik am Festhalten des apokalyptischen Geschichtsbildes

Diese Kritik spitzt sich zu im Vorwurf, hier werde einfach das Geschichtsbild der Apokalyptik übernommen. Während die Raumvorstellungen der Apokalyptik – also die örtliche Situierung von Himmel, Hölle, Fegefeuer etc. – schon bald aufgegeben wurden, werde gedankenlos am Geschichtsbild festgehalten, in dem die Vorstellung von einem zeitlichen Ende der Welt ihren festen Platz hat. Ist es nicht ein Widerspruch in sich, die Raumvorstellungen aufzugeben, an den Zeitvorstellungen aber weiter festzuhalten? Ist es nicht von daher nötig, mit der Raum- auch die Geschichtskonzeption der Apokalyptik aufzugeben und neu zu interpretieren?

Die Unzulänglichkeit zeitlicher Kategorien angesichts der Ewigkeit Gottes

Wenn damit Ernst gemacht wird, daß es bei Gott keine Zeit gibt bzw. daß die Dimension der Ewigkeit von der uns bekannten Dimension der Zeit grundlegend zu unterscheiden ist, dann ist fraglich, ob die Vollendung der Welt einfach mit dem „Ende der Zeit" angesetzt werden darf. Die Ewigkeit verhält sich zu jedem Zeitpunkt, gleich ob er in der Vergangenheit oder in der Zukunft liegt, gleich „nahe" bzw. gleich „entfernt". Aus diesem Grund gibt es bei Gott kein „früher oder später". In diesem Sinne erlebt jeder Mensch im eigenen Tod zugleich den Tod bzw. das Vor-Gott-Treten der anderen, unabhängig davon, wann dieser Tod stattfindet. Zugleich erlebt ein jeder im eigenen Tod die Vollendung der Welt. Der eigene Todestag und der „Jüngste Tag" fallen dann in eins und lassen sich zeitlich nicht mehr trennen. – In diesem Zusammenhang spielt es dann keine Rolle, ob die irdische Geschichte irgendwann einmal ein Ende hat oder beliebig lange weiterläuft.

Die Konsequenz für das Verständnis der Naherwartung: So nah wie der eigene Tod

Die zuletzt genannte Interpretation des Naherwartungsgedankens geht von eben dieser Voraussetzung aus. Für den Zeitpunkt der Vollendung bedeutet dies, daß er für jeden Menschen so „nahe" ist wie der eigene Tod. In diesem Sinne stellt die Naherwartung Jesu und der frühen Kirche kein Problem und auch keinen Irrtum dar: Das Reich Gottes und die Parusie sind so nahe, wie der eigene Tod für jeden Menschen absehbar nahe ist.

Die Schwierigkeit dieses Denkansatzes

Das Verlassen zeitlicher Kategorien um der Ewigkeit Gottes willen ist einerseits bestechend und löst viele Probleme. Andererseits führt es das menschliche Denken an seine Grenze, da dieses immer nur in zeitlichen Kategorien zu denken vermag. Es sprengt und überfordert das menschliche Vorstellungsvermögen, indem es unbeantwortbare Fragen aufwirft: Wenn es bei Gott keine Zeitlichkeit mehr gibt, begegne ich dann in meinem Tod nicht zugleich dem Tod meiner Kinder und dem Tod der Menschen, die zu meinen Lebzeiten noch gar nicht geboren sind?

Modelle und ihre Begrenztheit

Sowohl das Denken in zeitlichen Kategorien wie auch das bewußte Aufgeben der Zeit haben Modellcharakter. Ein Modell hat gewisse Stärken, aber auch Schwächen. Immer ist es begrenzt. Und als Modell ist es nicht mit einem anderen einfach kompatibel. Es gibt kein Modell, daß die „Zeitmächtigkeit" und damit die Erhabenheit Gottes über die Zeit schlüssig in Beziehung setzen könnte bzw. vermitteln könnte mit der Zeitlichkeit des Menschen. Menschliche Vorstellung bewegt sich immer in der Zeit – wir können Zeitlosigkeit bzw. die Abwesenheit von Zeit überhaupt nicht denken. Alle eschatologischen Modelle sind in dieser Hinsicht unzulänglich. Sie sind Gerüste, Hilfskonstruktionen – mehr nicht.

Kirchliche Lehrentscheidungen

Das jüngste Schreiben der Glaubenskongregation über die Eschatologie (1979) trifft begreiflicherweise keine Äußerung zum Zeitpunkt der Wiederkunft Christi. Zur Parusie fällt nur der eine Satz:

„Die Kirche erwartet gemäß den Heiligen Schriften ‚die glorreiche Kundwerdung unseres Herrn Jesus Christus', die sie jedoch als eine im Hinblick auf die Lage der Menschen sogleich nach dem Tod unterschiedene und spätere glaubt."[55]

Wird damit der Vorstellung von einem „Zusammenfallen" des eigenen Todes mit der Vollendung der Welt in der Ewigkeit Gottes eine Absage erteilt? Der Text bewegt sich ganz selbstverständlich innerhalb eines Denkens in zeitlichen Kategorien, ohne deren Verwendung in diesem Zusammenhang zu reflektieren oder zu hinterfragen. Das ihm zugrundeliegende Modell ist eindeutig das der Zeitlichkeit; andere Modelle nimmt er gar nicht in den Blick. Ein Modell aber, so wurde bereits im Zusammenhang mit dem Leib-Seele-Denken deutlich (vgl. das Kapitel „Auferstehung des Leibes oder Unsterblichkeit der Seele") kann niemals Inhalt einer Dogmatisierung werden. Zudem ist die Sinnspitze des Textes nicht die Perspektive der Zeitlichkeit. Vielmehr wird ausgesagt, daß die individuelle Auferstehung nicht „alles" ist, daß sie inhaltlich nicht identisch ist mit der Vollendung am Jüngsten Tag, die für die einzelnen über ihre individuelle Auferweckung hinaus noch etwas Neues bringt.

Zitate

„Der christologische Interpretations- und Erweiterungsprozeß führte schon von der Menschensohn-Christologie an zu der Vorstellung von dem in Herrlichkeit kommenden (wiederkommenden) Richter Christus (Parusie). Während Jesus in der Gewißheit des Nähe einer Volloffenbarung des Reiches Gottes lebte, läßt sich für die frühchristliche Gemeinde schon bald nach dem Tod Jesu eine gespannte Naherwartung der Parusie Jesu Christi feststellen. (...)
Das Ausbleiben der Parusie führte zu verschiedenen Vertröstungen und Verhaltensanweisungen: Trostworte sollten das baldige, wenn auch nicht unmittelbar bevorstehende Eintreten der Parusie anzeigen; Ungewißheits- und Wachsamkeitsworte sollten die Erwartung wachhalten; die Verzögerung wurde einem Heilsplan Gottes zugeschrieben (Zeit für Buße); die Geschichte wurde neu periodisiert (Zeit für die Kirche). An die Stelle der Naherwartung trat schließlich nicht ‚Stetsbereitschaft‘, sondern die Hoffnung auf Vollendung.“[56]

„Wir sind so sehr ‚zeitliche‘ – also zeitverhaftete – Wesen, daß wir uns eine nicht-zeitliche – also ewige – Existenz gar nicht vorstellen können. Immer werden wir die Begriffe des ‚Vorher‘ und ‚Nachher‘ verwenden, und wenn wir von ‚Dauer‘ sprechen, dann meinen wir einen langen Zeitraum, eine gedehnte Zeit, aber nicht die Überwindung der Zeit. (...)
In seinen Predigten kommt Meister Eckhart häufig auf die Spannung zwischen dem Zeitlichen und dem Ewigen zu sprechen. ‚Was die Zeit berührt, das ist sterblich‘, heißt es bei ihm. Die göttliche Welt ‚weiß nichts von Zeit‘. Gott braucht keine Zeit, weil er ‚in einem gegenwärtigen Nun‘ west. Und er schärft es seinen Hörern immer wieder ein, daß wir Gott nicht in die zeitlichen Kategorien einsperren dürfen. ‚Würden wir sagen, daß Gott die Welt gestern oder morgen erschüfe, so würden wir uns töricht verhalten.‘ Gott erschafft die Welt und alle Dinge in einem gegenwärtigen Nun, und die Zeit, die da vergangen ist vor tausend Jahren, die ist Gott jetzt ebenso gegenwärtig und ebenso nahe wie die Zeit, die jetzt ist.“[57]

„Mit Zeit und Ewigkeit stoßen hier zwei ‚Größen‘ aufeinander, die nicht miteinander zu verrechnen sind. Ewigkeit ist nicht eine über sich selbst ins Unendliche hinauswachsende Zeit. (...) Ewigkeit geht nicht der Zeit voran; sie folgt ihr nicht nach. Vielmehr ist die Ewigkeit gleich-zeitig aller Zeit. Ewigkeit verhält sich sowohl zur Vergangenheit wie zur Zukunft gleich gegenwärtig. (...) Die Ewigkeit ist der Gegenwart genauso nahe wie der fernsten Zukunft und der dunkelsten Vergangenheit. Damit ist aber auch jeder Augenblick dieser Zeit in ihr enthalten. Jeder Augenblick zeitlichen Daseins ist von Ewigkeit umfangen. Ewigkeit läßt sich vergleichen mit dem Mittelpunkt eines Kreises, der von der Peripherie (der Zeit) immer gleich weit entfernt bleibt. Ich mag auf dem Kreisboden ansetzen, wo ich will, immer bin ich dem Zentrum gleich nahe und gleich fern. (...)

Auf dem Hintergrund dieser Überlegungen wird die These nicht mehr so unmöglich, daß im Tod des einzelnen auch die ganze Welt vor Gott hintreten wird. Es kommt einfach auf den Blickwinkel auf, von dem aus wir diese Aussage betrachten. Von uns, aus dem Blickwinkel der Zeit her gesehen, wird diese Zeit noch lange fortbestehen; der einzelne stirbt heute, und seine Welt überlebt ihn. Unter diesem Blickwinkel kann die These nicht so formuliert werden. Aber von der anderen Seite, von Gott her aus dem Blickwinkel der Ewigkeit, sind Anfang und Ende der Zeit ‚jetzt‘, ist der Tod des einzelnen und der Tod der ihn zeitlich Überlebenden ‚jetzt‘, ist der Tod des einzelnen und der Tod der ihn zeitlich Überlebenden ‚jetzt‘, stirbt nicht der eine früher, der andere später, sondern stirbt die gesamte Menschheit ‚jetzt‘. Das ist ein Gedanke, an den wir uns erst einmal gewöhnen müssen. Er kann uns aber helfen, nicht nur manche Probleme zu überwinden, die schon die urchristlichen Gemeinden plagten (vgl. 1 Thess 4,13–15), sondern auch deutlich zu machen, daß das Ende der Zeit nicht ein in dunkelster Zukunft liegendes Ereignis ist, sondern unmittelbar ‚jetzt‘ schon anbricht.“[58]

Materialien

Bild

W. Habdank: In Erwartung (1975)[59]

Skizze[60]

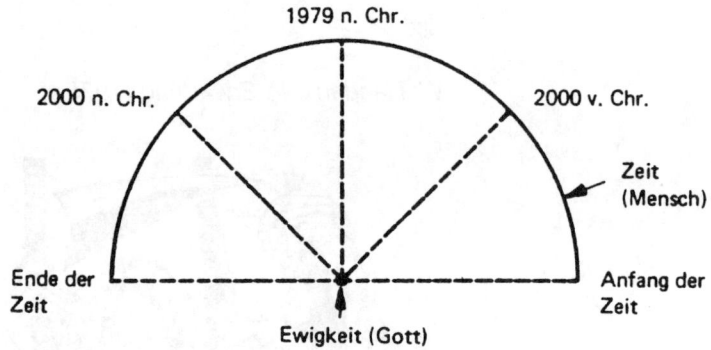

Lieder

Ja, wenn der Herr einst wiederkommt

Text und Musik: *Hoffmann, Mausberg, Norres, Schuhen*, aus Lied-messe für die Adventszeit; Edition Werry, Mühlheim a.d. Ruhr, in: Wenn du singst, sing nicht allein. 250 Lieder für Familie, Gemeinde und Schule, *Hermann-Josef Frisch* (Hg), Patmos Verlag, Düsseldorf 1990, Lied Nr. 218.

Mein Gott, welche Freude

Melodie: „My Lord", Text und Musik: *Hoffmann, Mausberg, Norres, Schuhen*, aus Liedmesse für die Adventszeit; Edition Werry, Mühlheim a.d. Ruhr, in: Wenn du singst, sing nicht allein. 250 Lieder für Familie, Gemeinde und Schule, *Hermann-Josef Frisch* (Hg), Patmos Verlag, Düsseldorf 1990, Lied Nr. 158/159

Didaktische Anregungen

■ Einstieg: Bild von *Habdank*
▷ Die Teilnehmer(innen) wählen für sich eine Person aus und versetzen sich in ihre Situation: Was erwartet sie, wonach hält sie Ausschau?

▷ Sie stellen das Bild als Standbild* nach – wenn dies übereinander nicht möglich, dann nebeneinander.

▷ Sie suchen für das Bild einen passenden Titel.

▷ Die Teilnehmer(innen) bekommen den Impuls: „Ihr, die ihr da steht, erwartet die Wiederkunft Jesu. Ihr wartet darauf, daß der Messias, der bereits gekommen ist, wiederkommt, wiederkommt am Ende der Zeit“. Wie reagieren sie darauf?

▓ Impuls (mit Hilfe der Kopiervorlagen): Die urchristliche Hoffnung auf die Wiederkunft Jesu Christi

▓ Schreibgespräch*:

▷ Rechne ich tatsächlich mit der Wiederkunft Jesu irgendwann? Spielt diese Aussicht eine Rolle für mein Leben? Bereitet mir der Gedanke daran Angst oder Freude?

▷ Die Teilnehmer(innen) vergleichen die Aussagen ihrer Schreibgespräche mit verschiedenen Liedern, die die Wiederkunft Jesu zum Thema haben: Wo gibt es Übereinstimmungen, wo liegen die Unterschiede?

▓ Kreative Bibelarbeit: Die Naherwartung Jesu

▷ Die wichtigsten Stellen dazu (vgl. Kopiervorlage) werden einzeln für sich auf Blätter aufgeschrieben. Die Teilnehmer(innen) wählen eine Stelle aus und schreiben oder malen ihre Gedanken und die Wirkung auf sie dazu.

▷ Anschließend werden die einzelnen Blätter in die Mitte gelegt oder auf einer Wand ausgehängt, so daß alle sie lesen können.

▓ Impuls (mit Hilfe der Kopiervorlagen): Der Wandel des Inhaltes der Naherwartung und das Problem der Parusieverzögerung

▓ Mögliche Erklärungen für die Parusieverzögerung:

▷ Die Teilnehmer(innen) suchen zunächst selbst nach möglichen Erklärungen für die Parusieverzögerung.

▷ Sie bekommen die entsprechenden neutestamentlichen Erklärungsversuche vorgelegt (Kopiervorlage) und wählen eine Stelle aus, die sie anspricht und ihnen besonders plausibel erscheint.

▓ Impuls mit anschließender Diskussion: Die verschiedenen Interpretationsansätze der gegenwärtigen Theologie

▩ Metaphernmeditation* zu den Begriffen „Zeit" und „Ewigkeit": „Zeit ist für mich ..." – „Ewigkeit ist für mich ..."

▩ Imaginationsübung: Was wäre, wenn es keine Zeit gäbe?
▷ Die Teilnehmer(innen) sitzen im Kreis oder liegen auf dem Boden und haben die Augen geschlossen. Langsam nacheinander phantasieren sie, was dann wäre: „Wenn es keine Zeit gäbe, dann ..."
▷ Im anschließenden Austausch soll deutlich werden, daß Ewigkeit nicht einfach eine unendlich lange Zeitlinie darstellt.

▩ Impuls: Die Unvereinbarkeit von zeitlichen Kategorien mit der Ewigkeit Gottes – ein mögliches Modell zur Erklärung der Naherwartung
Zur Veranschaulichung dient die Skizze von N. Scholl.

▩ Abschluß: Eines der genannten Lieder

7. „Vollendung" – und nicht nur „Ende"

Die Problematik

Menschen richten ihre Hoffnung nicht nur auf die Überwindung des Todes, sondern auch darauf, daß es über die eigene Existenz hinaus mit der ganzen Welt ein gutes Ende nehmen werde. Zur individuellen Dimension der Hoffnung tritt damit eine universale Dimension, die nicht beim eigenen Ich stehenbleibt, sondern die anderen Menschen und letztlich die ganze Welt im Blick hat. Umso mehr sorgt für Verwirrung, daß im Kontext der Jahrtausendwende das Ende der Welt von verschiedensten religiösen Strömungen und Gruppierungen als Welt*untergang* angesagt wird. Sie verkünden die Vernichtung und Zerstörung dieser Welt, sei es in Gestalt einer kosmischen Katastrophe, die über die Menschen hereinbricht, sei es als eine von Menschen betriebene Selbstvernichtung. So steht für viele Menschen die Aussicht auf das Weltende unter schrecklichem Vorzeichen.

... anstelle der Hoffnung auf Vollendung

In der Folge rückt immer stärker die individuelle Zukunft des einzelnen Menschen in den Vordergrund, während die Hoffnung für die Welt immer mehr zurücktritt. Daß die christliche Botschaft im Blick auf die Zukunft der Welt gerade das Gegenteil von „Untergang", nämlich die „Vollendung" verheißt, gerät auf diesem Hintergrund vielfach in Vergessenheit. Die christliche Hoffnung auf Vollendung wird verdrängt oder vermag nur geringe erlösende Kraft zu entwickeln.

Die Hoffnung auf Vollendung in apokalyptischem Gewand

Weltuntergang und Gericht: Wichtige Motive der Apokalyptik

Daß Weltuntergangsstimmung an die Stelle der Hoffnung auf Vollendung treten konnte, ist wesentlich dem apokalyptischen Charakter vieler endzeitlicher Texte zuzuschreiben. Dazu zählen auch die bekannten und von zeitgenössischen Unheilspropheten vielzitierten Endzeitreden der synoptischen Evangelien (Mt 24,1–25,46; Mk 13,1–37; Lk 21,5–36). Entsprechend der Zielsetzung der Apokalyptik sprechen sie vom unheilvollen Ende des alten Äons und dem schrecklichen Kampf Gottes gegen die Feinde. Kosmische Katastrophen, Not, Kriege, schließlich der Untergang von Himmel und

Erde sind in diesem Zusammenhang typisch apokalyptische Stil-mittel und Motive, die auch als solche interpretiert werden müssen (ausführlich dazu das Kapitel über „Apokalyptik").

Keine naturwis-senschaftliche Aussagen

Die apokalyptisch gefärbten Texte des NT sind von ihrer Intention her keine Zukunftsvorhersage. Schon gar nicht machen sie eine na-turwissenschaftliche Aussagen darüber, wie diese Welt enden wird. Zwar berühren sie sich mit der Annahme fast aller Kosmologen, daß diese Welt ein zeitliches Ende haben wird, sei es in Gestalt des von manchen vorhergesagten End-Knalls, sei es durch das Erlöschen der Sonne in einigen Milliarden Jahren. Doch ist es widersinnig, in den neutestamentlichen Texten konkrete Hinweise auf das Erkalten der Sonne oder die Explosion des Weltalls entdecken zu wollen. Die biblische Eschatologie und Apokalyptik bietet keine naturwissen-schaftliche Prognose der Endereignisse, sondern Geschichtsdeu-tung aus einer ganz bestimmten Situation heraus. Über das „Wann" und „Wie" eines möglichen Endes dieser Welt können Eschatologie und Theologie darum keine Aussage treffen.

Vollendung als Neuschöpfung

Entscheidend ist für das Neue wie auch schon für das Alte Testa-ment nicht der Zusammenbruch dieser Welt, sondern der Gedanke der Neuschöpfung:

Offb 21, 1: „Dann sah ich einen neuen Himmel und eine neue Erde; denn der erste Himmel und die erste Erde sind vergangen, auch das Meer ist nicht mehr."
Der Gedanke der Neuschöpfung findet sich bereits bei Jesaja 65,17 (vgl. auch 43,18):
„Denn schon erschaffe ich einen neuen Himmel und eine neue Erde. Man wird nicht mehr an das Frühere denken, es kommt niemand mehr in den Sinn."

Vollendung und Gericht

Die Durchsetzung des Heils und das Gericht gehören zusammen

Für das NT ist die Erwartung der Vollendung untrennbar verbunden mit der Erwartung des Gerichts. Die Wiederkunft Jesu ist beides zu-gleich: sowohl die Aufrichtung des Reiches Gottes (vgl. Lk 21,27f; Mt 25,31ff; 1 Kor 15,23ff) und damit Rettung (vgl. Mk 13,26f; 1 Thess 1,9f; 4,13ff; 5,1ff) wie auch Gericht (vgl. Lk 12,8f; 17,24.30; Mt 16,27; 25,31ff).

Hoffnung auf Gerechtigkeit als ein Aspekt der Hoffnung auf Vollendung

Denn das Gericht bedeutet die Scheidung von Heil und Unheil. Wenn Gott sein Heil universal durchsetzt, dann muß sich zeigen, was Bestand hat und was der Nichtigkeit anheimfällt. Wer auf das Sichdurchsetzen des Heils von Gott wartet, erwartet darum zugleich das Kommen des Gerichts. Mit ihm verbindet sich die Hoffnung auf die Aufdeckung und endgültige Überwindung des Bösen, auf den endgültigen Sieg über das Unheil. Mit dem Gericht verbindet sich die Hoffnung auf die Herstellung umfassender Gerechtigkeit – die es hier auf dieser Welt nicht gibt. Vollendung ohne Gerechtigkeit aber wäre keine Vollendung, sondern ein Widerspruch in sich.

Vollendung als Heilserwartung

Kein beliebiges Ende, sondern ein Ende in Fülle

Das Gericht steht jedoch nicht im Zentrum der christlichen Hoffnung auf Vollendung. Vielmehr ist sie ganz und gar Heilserwartung. Nicht ein unheilvolles und auch nicht ein beliebiges Ende wird diese Welt und ihre Geschichte nehmen, sondern ein heilvolles Ende, ein Ende in „Fülle" – nichts anderes meint auch der Begriff „Voll"-endung im Unterschied zum bloßen „Ende". Am Ende, so lautet die unmißverständliche Verheißung der Schrift, siegen weder Fortschrittsideologien noch menschliche Zerstörungswut, die bis zur Selbstvernichtung reichen kann, sondern Gott allein.

Gott kommt ans Ziel

Vollendung heißt: Die Geschichte wird im Sinne Gottes bzw. im Sinne Jesu Christi entschieden Der dreifaltige Gott setzt sich endgültig durch und kommt ans Ziel. Er wird die ganze Menschheit und die ganze Welt erfüllen. Damit kommt die Selbstmitteilung Gottes an die Welt hier an ihr Ziel. Umgekehrt entspricht der Bewegung Gottes auf die Menschen und die Welt hin deren Gegenbewegung auf Gott hin, insofern sie seine Selbstmitteilung endgültig und unwiderruflich annehmen.

Offb 1,17 (vgl. 2,8; 21,6; 22,13; sowie Jes 41,4; 44,6; 48,12): „Ich bin das Alpha und das Omega, der Erste und der Letzte."

1 Kor 15,28: „(...) damit Gott herrscht über alles und in allem" – wörtlich: „damit Gott alles in allem sei."

Vollendung als universale Kategorie

Hoffnung für die ganze Schöpfung

„Vollendung" ist eine theologische Kategorie, die über die Zukunft des Individuums hinausreicht und die ganze Welt umfaßt. Ihr ist damit eine universale und kosmische Dimension zu eigen: Sie hat über die Individualgeschichte hinaus die Universalgeschichte, über die Zukunft des bzw. der einzelnen die Zukunft der ganzen Welt im Blick. Darum betrifft sie die ganze Schöpfung, die Menschen, die Natur und die Geschichte, die ganz von Gott erfüllt werden:

> Röm 8,21f: „Auch die Schöpfung soll von der Sklaverei und Verlorenheit befreit werden zur Freiheit und Herrlichkeit der Kinder Gottes. Denn wir wissen, daß die gesamte Schöpfung bis zum heutigen Tag seufzt und in Geburtswehen liegt."
>
> Dabei entwirft sich die erwartete Vollendung hier und jetzt vorweg, bricht hier und jetzt an:
>
> 2 Kor 5,17: „Wenn also jemand in Christus ist, dann ist er eine neue Schöpfung: Das Alte ist vergangen, Neues ist geworden."

Ernstnehmen des Menschen in seinem Beziehungsgeflecht

Die christliche Hoffnung auf Vollendung trägt dem Menschen als einem Wesen Rechnung, das auf Beziehung angelegt und in die Kommunikation mit der Welt verwoben ist. Wenn zum Menschsein untrennbar das jeweilige Lebensgefüge, die Beziehungen zu den Mitmenschen wie der Bezug zur Welt gehören, muß all dies konsequenterweise in das endgültige Schicksal des Menschen – und damit in die Begegnung mit Gott – einbezogen sein. Eine isolierte Begegnung des einzelnen Menschen mit Gott, die die Schöpfung ausklammert, ist darum vom christlichen Glauben her nicht denkbar.

Vollendung der Materie in ihrer Beziehung zum Menschen

Zwar können die Materie, Pflanzen und Tiere nicht in der Weise vollendet werden wie die Menschen selbst, da sie sich ja nicht in Freiheit auf Gott hin öffnen und seine Selbstmitteilung annehmen können. Ihre Vollendung geschieht vielmehr in ihrer Bezogenheit auf den Menschen: Überall, wo die Dinge dieser Schöpfung oder auch Tiere für das Leben eines Menschen eine entscheidende Rolle spielen, wo sie zu seiner Identität gehören und zu wirklichem Menschsein verhelfen – zu Lebensfreude, zu Liebesfähigkeit oder zu einem verantwortungsvollen Umgang mit dieser Schöpfung – da haben sie auf ihre Weise teil an der Vollendung, ohne daß wir im einzelnen bestimmen könnten, auf welche Art und Weise das geschieht.

Vollendung im Werden

Wenn Vollendung bedeutet, daß alle Menschen mit ihrer Geschichte, ihren Beziehungen zu ihren Mitmenschen und zur Schöpfung bei Gott ankommen, so geschieht sie nicht gewissermaßen wie „auf einen Schlag" am Ende. Vielmehr ereignet sich „ein Stück" Vollendung mit jedem Tod, in dem ein Mensch sich selbst und seine Beziehungen vor Gott bringt. Vollendung geschieht also im Werden, bis am Ende die ganze Schöpfung bei Gott angekommen ist. Dieser Werdeprozeß der Schöpfung ist nicht nur das Werk Gottes, sondern an ihm arbeiten und gestalten alle Menschen mit.

Biblische Bilder der Vollendung

Das alttestamentliche Erbe: Wiederherstellung des Paradieses

Bereits das AT verfügt über ausdrucksstarke Bilder. Immer wieder taucht dabei die Vorstellung von der Endzeit als Wiederherstellung des Paradieses auf:

> Jes 11,6–9: „Dann wohnt der Wolf beim Lamm, der Panther liegt beim Böcklein. Kalb und Löwe weiden zusammen, ein kleiner Knabe kann sie hüten. Kuh und Bärin freunden sich an, ihre Jungen liegen beieinander. Der Löwe frißt Stroh wie das Rind. Der Säugling spielt vor dem Schlupfloch der Natter, das Kind streckt seine Hand in die Höhle der Schlange. Man tut nichts Böses und begeht kein Verbrechen auf meinem ganzen heiligen Berg; denn das Land ist erfüllt von der Erkenntnis des Herrn, so wie das Meer mit Wasser gefüllt ist."

Bilder der Fülle

Eine Reihe von neutestamentlichen Bildern knüpfen an die Schöpfungs- und Paradiesesvorstellungen an, die die schlechthinnige Fülle zum Ausdruck bringen:

> Offb 7,17: „Denn das Lamm in der Mitte vor dem Thron wird sie weiden und zu den Quellen führen, aus denen das Wasser des Lebens strömt (...)."

Offb 22,1f: „Und er zeigte mir einen Strom, das Wasser des Lebens, klar wie Kristall; er geht vom Thron Gottes und des Lammes aus. Zwischen der Straße der Stadt und dem Strom, hüben und drüben, stehen Bäume des Lebens."

Die neue Stadt

Einen besonderen Stellenwert nimmt das Bild von der neuen Stadt, vom neuen Jerusalem ein:

Offb 21,2f: „Ich sah die heilige Stadt, das neue Jerusalem, von Gott her aus dem Himmel herabkommen; sie war bereit wie eine Braut, die sich für ihren Mann geschmückt hat. Da hörte ich eine laute Stimme vom Thron her rufen: Seht, die Wohnung Gottes unter den Menschen! Er wird in ihrer Mitte wohnen, und sie werden sein Volk sein; und er, Gott, wird bei ihnen sein."

Offb 21, 23–26: „Die Stadt braucht weder Sonne noch Mond, die ihr leuchten. Denn die Herrlichkeit Gottes erleuchtet sie, und ihre Leuchte ist das Lamm. Die Völker werden in diesem Licht einhergehen, und die Könige der Erde werden ihre Pracht in die ganze Stadt bringen. Ihre Tore werden den ganzen Tag nicht geschlossen – Nacht wird es dort nicht mehr geben. Und man wird die Pracht und die Kostbarkeiten der Völker in die Stadt bringen."

Was nicht (mehr) sein wird

Schließlich begegnen – im Sinne der negativen Theologie – Bilder die vor Augen führen, was alles nicht sein wird:

Offb 7,16: „Sie werden keinen Hunger und keinen Durst mehr leiden, und weder Sonnenglut noch irgendeine sengende Hitze wird auf ihnen lasten."

> Offb 21,4: „Er wird alle Tränen von ihren Augen abwischen: Der Tod wird nicht mehr sein, keine Trauer, keine Klage, keine Mühsal. Denn was früher war, ist vergangen."
>
> Mit anderen Worten formuliert es Paulus in 1 Kor 2,9: „Was kein Auge gesehen und kein Ohr gehört hat, was keinem Menschen in den Sinn gekommen ist: das hat Gott denen bereitet, die ihn lieben."

Zitate

„Die meisten Theologen gehen davon aus, daß der Mensch, dem Gott in seinem wirksamen Liebeswillen endgültiges Heil zugedacht und das in Jesus Christus definitiv bekundet hat, nicht isoliert verstanden werden kann und darf: zum ,Menschen' gehören, in mannigfaltigem Lebens- und Beziehungsgefüge, Mitmenschen, Materie, Leben, der Kosmos, die ,Welt'. Dieses Ganze muß vom Verhältnis Gottes zum Menschen mitbetroffen, in das endgültige Schicksal des Menschen einbezogen sein. (...)
Wägt man unter diesen Voraussetzungen die unterschiedlichen kosmologischen Andeutungen und Bilder, die anthropologischen Heils- und Erlösungsaussagen der Schrift ab und bringt man sie mit den Artikulationen der christlichen Hoffnung in der Überlieferungsgeschichte in Verbindung, dann ist es durchaus möglich zu sagen: Die Hoffnung richtet sich darauf, *daß* die Welt (die Schöpfung Gottes im ganzen) mit der Menschheit vollendet wird; da diese Vollendung die Toten – die jetzt von unserer Erfahrung getrennt sind – mit einbeziehen wird, kann sie nur radikale Veränderung der jetzigen Lebensformen der Schöpfung sein; die Hoffnung hat keine verbindlichen Anhaltspunkte für das *Wie* dieser Vollendung."[61]

„Jeder Mensch bringt ja seine eigene, unverwechselbare und unersetzbare Geschichte mit; und sie hat vor Gott ihren Wert gerade hinsichtlich *ihrer* Weise, sich Gottes Liebe ,anzueignen' und ,einzuverleiben', sie erneut in sich ,Fleisch und Blut' werden zu lassen. (...) Erst wo diese qualitativ bedeutsame Vielfalt auch universell vollendet ist, kann man von einer endgültigen Vollendung des Reiches Gottes sprechen. Das dürfte wohl der theologische Sinn der Rede vom ‚Jüngsten Tag' sein: Er braucht dann nicht als ein kosmischer Weltuntergang oder eine universal-geschichtliche Katastrophe vorgestellt zu werden, sondern als das Zu-Ende-Kommen des universalen Vollendungsprozesses, in dem *alle* (dazu bereiteten) Menschen in das Leben der Auferstehung hineinsterben. Dieser Prozeß ereignet sich fortwährend innerhalb unserer Geschichte im Tod jedes Menschen; er findet sein innergeschichtliches Ende, wenn alle Menschen gestorben sind."[62]

„Die Gemeinschaft mit Gott verdrängt nicht etwa all die anderen Hoffnungsinhalte, Gott ist nicht in Konkurrenz – im Gegenteil: Gott macht gerade die kreatürlichen Hoffnungen möglich und läßt sie Wirklichkeit werden. Zur christlich erhofften Vollendung gehören deshalb ebenso:
– die Gemeinschaft mit anderen Menschen: Wiedersehen der Getrennten, Nähe zu den bislang Fernen, gelingende Kommunikation, kurz: Erkenntnis und Liebe auch in der ‚Gemeinschaft der Heiligen';
– die Identität und Integrität des einzelnen: Ich-Selbst-Sein (im Gegensatz zur Entfremdung), Heil-Sein (im Gegensatz zu Behinderung und Verstümmelung), Zur-Fülle-gekommen-Sein (im Gegensatz zu den vielen unerfüllten Hoffnungen und zum vorzeitig abgebrochenen Leben);
– die Freude an der gesamten von Gott geschaffenen und vollendeten Welt.
Ein Begriff, der alle Hoffnungsinhalte zusammenfassen könnte, ist der Begriff ‚Frieden' (hebräisch: ‚shalom'), und zwar im umfassenden biblischen Sinn: heile Beziehungen zwischen allem Lebendigen, zwischen Mensch und Gott, zwischen Mensch und Mitmensch, zwischen den Völkern, zwischen Mensch und Natur, ja auch heile Beziehungen innerhalb der Natur und heile Beziehungen des einzelnen Menschen zu sich selbst. Man sieht schon: Von der Vollendung des einzelnen kann man nicht reden, ohne gleichzeitig von der Vollendung der ganzen Welt zu reden."[63]

Materialien

Phantasiereise

Der Traum vom Friedensreich[64]

Ich lade euch heute ein, einen ganz besonderen Ort zu besuchen. Wir besuchen eine Art Paradies.

Stell dir vor, du wanderst durch ein großes Dornentor in eine offene Landschaft. Du siehst Bäume und Bäche, Blumen und Sträucher. – Es ist ein eigenartiges Land. Menschen und Tiere leben hier friedlich zusammen. Ein Wolf liegt bei den kleinen Lämmern und spielt mit ihnen. Ein schwarzer Panther paßt auf die jungen Ziegenböckchen auf, die um ihn herumspringen. – Ein Junge, vielleicht fünf Jahre alt, hütet Kälber, Kühe und junge Löwen gemeinsam. Die Löwen fressen Gras und Stroh. – Einige Bären weiden bei den Kühen und die jungen Tiere spielen miteinander. – Ein kleines Kind spielt im Sand am Bach. Aus einer Höhle am Bach schaut eine Otter, das Kind klettert zu ihr in die Höhle. – Eine Schlange liegt neben ihrem Schlupfloch und ein Kind steckt seine Hand in das Schlupfloch der Schlange. –

Du gehst zwischen all dem hindurch. Du spürst, daß es hier keinerlei Bedrohung, keinerlei Angst mehr gibt. Nichts ist mehr voneinander getrennt, das Böse hat keinen Platz, die Güte und Liebe gestalten das Miteinander. – Langsam verläßt du das Land und kehrst zurück.

Die Reise ist zu Ende. Du bist hier auf der Erde, sie ist nicht paradiesisch. Spüre den Boden unter dir, den Raum um dich und strecke dich in diesem Raum aus.

Bild

Th. Zacharias: Jerusalem

Das Bild ist als Farbdia (Nr. 7) erhältlich im Rahmen der Serie: Farbholzschnitte zur Bibel von *Thomas Zacharias*, München: Kösel-Verlag. Die Diaserie ist über die gängigen Medienstellen zugänglich oder kann direkt beim Verlag bestellt werden.

Texte

R. O. Wiemer: Entwurf für ein Osterlied[65]

Die Erde ist schön,
und es lebt sich leicht im Tal der Hoffnung.
Gebete werden erhört,
Gott wohnt nah hinterm Zaun.

Die Zeitung weiß keine Zeile vom Turmbau.
Das Messer findet den Mörder nicht.
Er lacht mit Abel.

Das Gras ist unverwelklicher grün als der Lorbeer.
Im Rohr der Rakete nisten die Tauben.

Nicht irr surrt die Fliege an tödlicher Scheibe.
Alle Wege sind offen. Im Atlas fehlen die Grenzen.

Das Wort ist verstehbar.
Wer Ja sagt, meint Ja,
und Ich liebe bedeutet: jetzt und für ewig.

Der Zorn brennt langsam.
Die Hand des Armen ist nie ohne Brot.
Geschosse werden im Flug gestoppt.

Der Engel steht abends am Tor.
Er hat gebräuchliche Namen
und sagt, wenn ich sterbe:
Steh auf.

G. Biemer: Die neue Schöpfung[66]

Ich mache alles neu
sagst du.
Es ist Zeit.
Alles ist alt geworden.
Der Granit und die Sternensysteme.
Die Reserven gehen zu Ende.

Die Menschenrasse ist zu alt.
Zu lange schon gibt es Zerstörung,
Haß und Mord.

Zögerst du noch?
Es ist alles alt genug.
Die Sehnsucht und die Phantasie
sind schon lange eingesperrt.
Wunder dringen nicht mehr durch.
Wie Lava liegt die Verkrustung
des kultivierten Egoismus über den Kulturen.
Nichts geht mehr. – Es ist soweit.

Die Auferstehung ist alt.
Die Ohren sind wund von der Predigt.
Hören stirbt aus
und der Glaube findet Ersatz
im Gerede.

Verflüssige deine Welt
schmilz sie ein
laß das lautere Metall
der neuen Stadt
aus der alten Schlacke fließen.

Ich mache alles neu
sagst du
und das bleibt unsere einzige Hoffnung.

Lieder

Ihr Mächtigen, ich will nicht singen

1. Ihr Mäch-ti-gen, ich will nicht sin-gen
2. Die Mau-ern sind aus schweren Stei-nen,
3. Die Brun-nen, wie sie ü-ber-flie-ßen

eu-rem tau - ben Ohr. Zi-ons
Ker-ker, die ge - sprengt, von den
in den Stra - ßen aus Gold. Durst und

Lied hab ich be-gra-ben in mei-nen Wun-den
Grenzen, von den Gräbern, aus der Last der
Staub der lan-gen Rei-se, wer denkt da-ran zu-

groß. Ich hal-te mei-ne Au-gen
Welt. Die To-re sind aus rei-nen
rück? Noch kla-rer als die Son-nen-

of-fen, liegt die Stadt auch fern.
Per-len, Trä-nen, die ge - zählt.
strah-len ist Gott-tes An - ge - sicht.

In die Hand hat Gott ver-spro-chen: er führt uns
Gott wusch sie aus un-sern Au-gen, daß wir
Sei-ne Hüt-te bei den Men-schen mit - ten

end-lich heim. In dei-nen To-ren
fröh-lich sind.
un-ter uns.

werd ich ste-hen, du frei-e Stadt Je-ru-sa-

lem. In dei-nen To-ren kann ich at-men,

er-wacht mein Lied. In dei-nen Lied

Text: Ch. Hensen
Musik: N. Shemer-Sapir

Alle Knospen springen auf

Text. Wilhelm Willms, Musik: Ludger Edelkötter, aus: Alle Knospen springen auf, Impulse-Musikverlag, Drensteinfurt, in: Wenn du singst, sing nicht allein. 250 Lieder für Familie, Gemeinde und Schule, Hermann-Josef Frisch (Hg), Patmos Verlag, Düsseldorf 1990, Lied Nr. 218

Lied und Tanz

Die zwölf Tore Jerusalems[67]

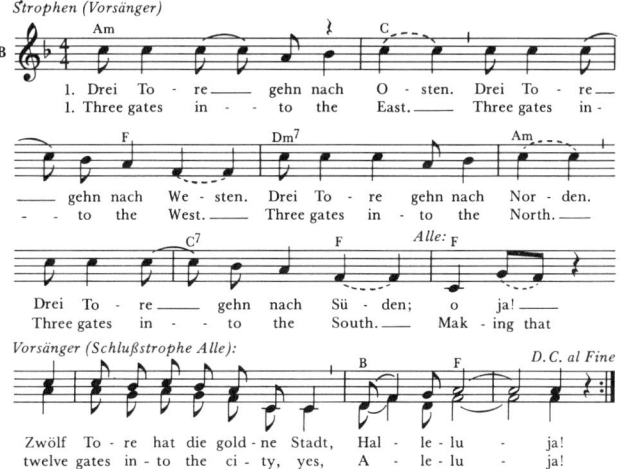

2. Sieh da, die roten Kleider,
   da kommt das Gottesvolk,
   und Mose zieht voran
   hin zu der goldnen Stadt.
   O ja! Zwölf Tore hat die goldne Stadt,
   Halleluja!

3. Wenn ich in die Stadt komme,
   dann will ich fröhlich singen;
   denn keiner schimpft mich aus
   und keiner schmeißt mich raus.
   O ja! Zwölf Tore hat die goldne Stadt,
   Halleluja!

Originaltext:

2. See those children yonder,
   They all dressed in red,
   They must be children,
   Children that Moses led.
   Oh yes! Twelve gates into the city, yes!
   Aleluja!

3. When I get to Heaven,
   I'm going to sing and shout,
   There ain't nobody up there
   Who's going to put me out.
   Oh yes! Twelve gates into the city, yes!
   Aleluja!

125

Tanzanleitung

Beliebig viele Tänzer, Jungen und Mädchen. Aufstellung in drei Kreisen.
Begleitet wird das Lied durch eine kleine Combo: Gitarre(n), Schlagbaß (E-Baß) und
Schlagzeug. Beatmäßiger Rhythmus! Teile A und B haben jeweils 10 Takte, wobei bei
Teil A vor dem Beginn des Gesangs ein Takt bereits mitzählt!

1. Durchgang:

Teil A: *Pro Takt je einen Seitanstellschritt nach links, nach rechts („seit-ran")*
           auf Kreisperipherie.

Anmerkung: *Erweiterung bei Verdoppelung des Schrittempos pro Takt um die Hälfte:*
           „Seit-ran-seit" nach links und rechts im Wechsel auf Kreisperipherie.
           Außenkreis (III) beginnt nach rechts, Mittelkreis (II) nach links, Innen-
           kreis (I) nach rechts.

Teil B: *Außenkreis (III) steht und bildet durch Armheben beliebig viele Tore*
           (auch können vier Tore in den angegebenen Himmelsrichtungen gebildet
           werden). Mittelkreis (II), von einem Tänzer angeführt, zieht in Schlange
           durch die Tore des Außenkreises. Der Innenkreis (I) schließt sich dem
           Mittelkreis an.
           Die Strophe wird solange wiederholt, bis die gesamte Schlange im Kreis-
           innern eine Spirale gebildet hat.
           Durch die Tore des Außenkreises hindurchziehen, durchs letzte Tor wie-
           der in den Kreis, dort Spirale!

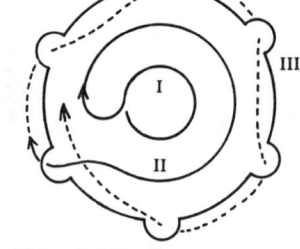

2. Durchgang:

Teil A: *Spirale und Außenkreis Schritte am Platz wie 1. Durchgang.*

Teil B: *Auflösen der Spirale, indem der erste Tänzer in Gegenrichtung die*
           Schlange anführt. Im Außenkreis wird an gegebener Stelle ein Tor gebil-
           det, durch das die Schlange hinauszieht.

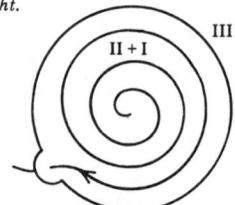

3. Durchgang:

Teil A: *Der letzte Tänzer der Schlange faßt den ersten des Außenkreises („Tor-*
           pfosten") an. Alle bilden einen großen Schlußkreis, in dem der oben be-
           schriebene Anstellschritt wieder aufgenommen wird (auch mit Varian-
           tenbildung).

Teil B: *Zum Vorsänger wird auf der Stelle getanzt, mit Handklatschen (auch*
           über dem Kopf) und viel spontaner Freude. Der Ruf „O ja!" muß rhyth-
           misch exakt erfolgen! Die letzten Takte werden bei der Schlußstrophe
           mitgesungen.

Melodie und Text: Spiritual (USA), Übertragung: Ernst Hansen

Didaktische Anregungen

▨ Einstieg:
▷ Die Teilnehmer(innen) fertigen aus Zeitungsausschnitten und -bildern eine oder mehrere Collage(n)* an zum Stichwort „Die Zukunft der Menschheit" (mögliche positive wie negative Inhalte: Umweltzerstörung, Naturkatastrophen, medizinischer Fortschritt, Segen der Technik, Klonversuche, Gentechnologie usw.)

▨ Phantasiereise*: Der Traum vom Friedensreich
▷ Auswertung: Die Teilnehmer(innen) gestalten den Garten mit Ton oder Knete nach.

▨ Bibelarbeit: Biblische Aussagen zur Vollendung der Welt
▷ Die Teilnehmer(innen) erhalten eine Zusammenstellung der wichtigsten biblischen Aussagen zur Vollendung der Welt (Kopiervorlage).
▷ Sie vergleichen sie zum einen mit der Collage*, zum anderen mit ihren Bildern: Wo sind Berührungspunkte und Gemeinsamkeiten, wo Unterschiede?

▨ Textarbeit: *R. O. Wiemer: Entwurf für ein Osterlied*
Der Text verwendet eine Fülle von Hoffnungsbildern, um „Vollendung" zum Ausdruck zu bringen. Die kursiv gesetzten Zeilen sind Anspielungen auf biblische Texte.
▷ Die Teilnehmer(innen) markieren mit einem ? jene Bilder, die für sie unverständlich oder erläuterungsbedürftig sind.
▷ Sie suchen nach möglichen biblischen Stellen, die den kursiv gesetzten Zeilen zugrunde liegen (Schöpfungserzählungen, Turmbau von Babel, Kain und Abel, Friedensreich bei Jesaja, Auferstehungszeugnisse)
▷ Was bringt der Titel „Entwurf für ein Osterlied" zum Ausdruck?

▨ Kreative Bibelarbeit:
▷ Die Teilnehmer(innen) teilen sich in drei Gruppen auf. Die eine erhält in Kopie die Bibelstellen, die von der Abwesenheit von Leid erzählen, die zweite die Bilder vom Urzustand der Schöpfung bzw. Paradies, die dritte die Bilder vom neuen Jerusalem.
▷ Sie gestalten zu ihrer jeweiligen Bibelstelle gemeinsam ein Bild.
▷ Die drei Bilder werden ohne Kommentierung still betrachtet.
▷ Die Teilnehmer(innen) wählen ein Bild, an dem sie nicht mitgemalt haben, aus und schreiben einen passenden Text dazu.

▷ Die Bilder mit den Texten werden in die Mitte gelegt. Erst zum Schluß werden die zugehörigen Bibelstellen vorgelesen oder auf Plakaten dazu gelegt.

▨ Bildbetrachtung: *Th. Zacharias: Jerusalem*
▷ Die Teilnehmer(innen) betrachten das Bild aufmerksam und entdecken bzw. benennen die verschiedenen Details
▷ Sie assoziieren die Bedeutung der verwendeten Farben
▷ Sie stellen sich vor, sie sind eine(r) der vielen, die durch das Tor in die Stadt einziehen:
Was alles lasse ich hinter mir? Welche Hoffnungen und Erwartungen bringe ich mit?

▨ Legearbeit: Die neue Stadt
▷ Die Teilnehmer(innen) bauen auf Tisch oder Boden mit Hilfe von verschiedenen farbigen Tüchern, Materialien (z. B. Wolle, Watte, Holz, Draht, Blech) und Gegenständen (z. B. Legematerial, Perlen, Glaskugeln, Steinen, Blättern und Blüten, evtl. auch kleinen Figuren) gemeinsam eine Stadt, die Symbol ihrer Hoffnung sein soll.
▷ Jede(r), der etwas hinlegt, erläutert mit einem Satz, was dies symbolisch für ihn/sie bedeutet.

▨ Abschluß: *G. Biemer: Die neue Schöpfung*

Ausblick: Zur Gestalt christlicher Zukunftshoffnung

Die Problematik

Die Botschaft von der Auferweckung scheint für das diesseitige Leben bedeutungslos

Die christliche Zukunftshoffnung mit ihrer Botschaft von Auferweckung und ewigem Leben scheint für das Leben vieler Christen bedeutungslos. Sie wirkt deswegen irrelevant, weil sie die Zukunft, von der hier die Rede ist, in weiter Ferne – eben nach dem Tod – vermuten[68]. Der Gedanke an den Tod und was danach kommt, wird jedoch in dieser auf das Leben fixierten Gesellschaft von den meisten ausgeblendet, ja als regelrechter Tabuverstoß empfunden. Zudem: Je jünger Menschen sind, desto ferner ist ihnen der eigene Tod. Das gegenwärtige Leben hier und jetzt und das ewige Leben „später" scheint wie durch einen tiefen Graben getrennt.

Nur billige Vertröstung?

Diesseitiges und jenseitiges Leben scheinen nicht nur nichts miteinander zu tun zu haben. Die Hoffnung auf ein Weiterleben sah und sieht sich oft genug dem Vorwurf ausgesetzt, sie sei nichts anderes als eine schöne Vertröstung aufs Jenseits, vor allem für jene, die auf dieser Welt nichts mehr zu hoffen haben. Der Einsatz in dieser und für diese Welt würde dadurch eher verhindert denn gestärkt. Die Religionskritik von Karl Marx, Religion sei „Opium für das Volk" ist hier nicht weit.

Das Mißverständnis der Rede von den „letzten Dingen"

Daß die christliche Zukunftshoffnung als existentiell bedeutungslos oder gar nur als billige Vertröstung aufgefaßt wird, liegt zum Teil auch an der Art und Weise, wie sie verkündet wurde und wird. Wo Eschatologie nur von den „letzten Dingen" redet – und in der Vergangenheit hat sie oft genug das und nur das getan – da gerät das Leben als „vorletztes" außer Blick.

Die Grundlage: Kein Graben zwischen Diesseits und Jenseits

Wo die Gottesherrschaft anbricht, berühren sich Himmel und Erde

Im Mittelpunkt der Botschaft Jesu steht *nicht das jenseitige Leben* nach dem Tod, sondern die Inkraftsetzung der Gottesherrschaft *in dieser Welt.* Freilich hat Jesus genau darum gewußt, daß das Reich Gottes nicht hier auf Erden vollendet wird. Doch sein Anliegen war es, die Gottesherrschaft hier und jetzt zeichenhaft und ansatzweise immer wieder wirksam zu machen und durch Menschen wirksam werden zu lassen. Daß sich „Himmel und Erde berühren", ist eben nicht nur schöne Poesie, sondern die ureigentliche Intention Jesu: Dort wo etwas vom Reich Gottes spürbar wird – und sei es noch so klein – ragt der „Himmel" in die Welt und in dieses Leben hinein. Umgekehrt beginnt mit der Auferweckung im „Himmel" nicht ein „zweites" Leben, das mit dem irdischen überhaupt nichts mehr zu tun hat, sondern das Leben, das der Mensch auf dieser Erde gelebt hat, kommt vor Gott und wird vollendet.

Keine „Eschatologie des Todes"

Von daher ist die christliche Hoffnung jenseitig und diesseitig zugleich. Darum kann es keine radikale Trennung, keinen unüberwindlichen Graben zwischen Himmel und Erde, Diesseits und Jenseits geben. Die „letzten Dinge" fangen in diesem Leben an: das Erahnen von Himmel und die Erfahrung von Hölle, Gerettet-Werden und Verloren-Gehen. Gerade das Mit- und Ineinander von präsentischer und futurischer Eschatologie führt die Verschränkung vom Leben vor und nach dem Tod immer wieder neu vor Augen. Darum wäre die christliche Eschatologie mißverstanden, würde man sie auf eine „Eschatologie des Todes" reduzieren. Natürlich hat sie über das zu sprechen, was nach dem Tod kommt; das ist schließlich ihre ureigene Aufgabe. Doch zugleich hat sie auch immer vom Leben zu handeln.

Christliche Zukunftshoffnung bestimmt und prägt das Leben

Wer diesen Zusammenhang, wer die gemeinsame „Schnittmenge" von Diesseits und Jenseits, Leben und Tod erkannt hat, für den oder die tritt die Hoffnung auf Auferstehung nicht erst am Ende des Lebens in Kraft, sondern sie bestimmt die gesamte christliche Existenz hier und jetzt. Sie ist nicht reine Zukunftshoffnung, sondern prägt die Gegenwart. Wer in dieser Weise hofft, lebt und gestaltet darum sein Leben anders. Wenn Paulus die Christen als diejenigen bezeichnet, „die Hoffnung haben" (1 Thess 4,13; Eph 2,12), dann deshalb, weil diese Hoffnung an der Ausrichtung ihres Lebens ablesbar ist.

Das Potential einer Hoffnung über dieses Leben hinaus

„Dieses Leben ist nicht alles"

Das Grundbekenntnis christlicher Zukunftshoffnung klingt nahezu lapidar: „Das ist noch nicht alles." Diese Welt und dieses Leben ist nicht alles, sondern es gibt etwas darüber hinaus, es gibt ein „mehr". Damit wird das Leben keineswegs entwertet, sondern vielmehr in einen größeren Horizont hineingestellt. Wer davon überzeugt ist, macht sich freilich in gewisser Weise angreifbar. Denn die Vorstellung von einem „mehr" steht im Widerspruch zum Zeitgeist, für den das Leben das erste und zugleich das letzte ist, „die letzte Gelegenheit"[69], alle persönlichen Wünsche zu realisieren und alle Bedürfnisse zu befriedigen. Und doch steckt in der Aussicht auf das „mehr" ein vielfältiges Potential, das Leben zu bewältigen und zu gestalten.

Trost und Verheißung

Die Hoffnung, „daß da noch mehr kommt", ist Trost und Verheißung zugleich. Dabei muß Trost nicht zwangsläufig auf eine „billige Vertröstung" hinauslaufen. Christliche Hoffnung ist Trost für die Opfer, für diejenigen, die in diesem Leben zu kurz kommen, die die in ihnen angelegten Möglichkeiten nicht entfalten können, die durch die äußeren Umstände an ihrer Selbstverwirklichung gehindert werden. Sie bietet Trost, vom zu früh verstorbenen Ehepartner, den Eltern oder dem eigenen Kind nicht auf immer und ewig getrennt zu sein, sondern die wiederzusehen, die einem am Herzen liegen. Und sie ist zugleich Verheißung für alle, die ein erfülltes Leben führen – und doch spüren, daß das noch nicht „alles" gewesen sein kann.

Eine Weise der Lebensbewältigung

Die christliche Hoffnung auf eine Zukunft, die „größer" ist als dieses Leben, stellt ein wesentliches Moment für die Bewältigung des Lebens dar. Denn sie schenkt Kraft zum Weitermachen, zum Aus- und Durchhalten. Daß dies keineswegs nur ein Privileg der Apokalyptik ist, wurde in verschiedensten Epochen der Geschichte des Christentums, nicht zuletzt im Dritten Reich deutlich.

Befreiung vom Drang nach absoluter Selbstverwirklichung

Die Hoffnung auf ein „mehr" bewahrt davor, dem eigenen Drang nach absoluter Selbstverwirklichung oder nach dem „Alles-Haben-Wollen" bedingungslos nachzugeben. Auf diese Weise wird sie zu einer Quelle für ethisches Handeln und für einen christlichen Lebensstil, nicht unter dem Vorzeichen des moralin-sauren erhobenen Zeigefingers, sondern im befreienden Wissen, nicht alles aus diesem Leben „herausholen" zu müssen.

Ein kritisches Korrektiv an Diesseitsideologien

Weil Christen auf eine Zukunft über diese Welt hinaus hoffen, können sie allen Ideologien widerstehen, die die Verwirklichung dieser Zukunft bereits hier und jetzt versprechen. Das Bemühen, „den Himmel auf Erden" zu schaffen, hat nicht nur im Dritten Reich und im Marxismus zu totalitären Systemen geführt, die den einzelnen um der Gesellschaft oder einer höheren Idee willen geopfert haben. Christliche Zukunftshoffnung ist darum eine kritische Anfrage und ein Korrektiv an alle absoluten Diesseitserwartungen.

Keine Vertröstung aufs Jenseits, sondern Handeln hier und jetzt

Wenngleich die christliche Hoffnung auf die Überwindung des Todes vor einer Überschätzung des irdischen Lebens bewahrt,

Dieses Leben hat Gewicht

nimmt sie dieses Leben doch in unvergleichlicher Weise ernst. Was der Mensch hier auf Erden tut – und auch, was er unterläßt – hat Gewicht. Denn im Tod tritt nicht nur eine abstrakte Person vor Gott, sondern jede(r) bringt mit der eigenen Existenz sein bzw. ihr Tun vor ihn. Darum ist es nicht „gleich-gültig", wie Menschen hier und jetzt handeln – es hat im wahrsten Sinne des Wortes „end-gültige" Bedeutung.

Die Hoffnung auf ein „mehr" setzt Kräfte frei

Weil die Gottesherrschaft bzw. „der Himmel" im Hier und Jetzt nicht nur anbrechen kann und darf, sondern anbrechen *soll*, kann die christliche Zukunftshoffnung dort, wo sie richtig verstanden wird, niemals bloße Vertröstung aufs Jenseits sein. Vielmehr steckt in ihr ein unaufhörlicher Appell, die verheißene Wirklichkeit auch tatsächlich erfahrbar werden zu lassen und Hoffnungszeichen in dieser Welt zu setzen. Die Hoffnung auf ein „mehr" bindet darum keine Kräfte, wie dem Christentum vielfach vorgeworfen wurde, sondern setzt sie überhaupt erst frei. Darum liegt in der christlichen Zukunftshoffnung die Kraft zum Handeln in dieser Welt.

Der Stachel im Fleisch

Die Aussicht auf ein erfülltes und geglücktes Leben, in der heiligen Schrift in anschaulichen Bildern vor Augen gestellt, ist keine einlullende Beruhigung, sondern läßt im höchsten Maße sensibel werden für erfahrenes Unrecht und Unheil. In diesem Sinne ist die Hoffnung wahrhaft Stachel im Fleisch. Vollendungsphantasien und soziales Engagement sind darum keine Gegensätze, sondern bedingen einander. Wer nicht eine Vision von Gerechtigkeit und Heil hat, nimmt Ungerechtigkeit und Unheil nicht mehr wahr. Wer keine Träume hat, hat auch keinen Antrieb zum Handeln. An diesem Prinzip knüpfen jene neueren Theologien an, die eine Veränderung der sozialen Verhältnisse in dieser Welt bewirken wollen – die Theologie der Hoffnung, die Theologie der Befreiung in Lateinamerika, die black theology Afrikas, schließlich die politische Theologie in Europa.

Und doch Gelassenheit

So sehr die christliche Zukunftshoffnung ein Stachel im Fleisch dieser Welt ist, so sehr gehört zu ihr doch auch die Gelassenheit. Es ist die Gelassenheit, die den Himmel Himmel und die Erde Erde sein läßt. Der Glaubende weiß, daß Menschen nicht das Reich Gottes hier auf Erden aus eigener Kraft und Leistung schaffen können. Er kann sich für eine bessere Welt einsetzen, ohne der Illusion zu verfallen, sie voll verwirklichen zu können. Dieses Wissen bewahrt davor, sich selbst, aber auch andere zu überfordern. Wir können nicht alles selbst machen – wir müssen aber auch nicht alles selbst machen. Darum können und müssen sich Christen radikal engagieren – und gleichzeitig doch alles Gott überlassen.

Die e i n e Zukunft von Gott und Mensch

Die Zukunft, die Menschen gestalten, ist keine völlig andere als die Zukunft, die wir von Gott her erhoffen. Es wäre ein Mißverständnis, im christlichen Denken einen doppelten Zukunftsbegriff anzusetzen: hier die von Menschen „gemachte", d. h. erarbeitete und erkämpfte Zukunft, dort die von Gott gnadenvoll geschenkte Zukunft. Zwischen beiden besteht kein Gegensatz, sondern die eine geht in der anderen auf. Denn Gott wirkt in der Geschichte nicht über die Menschen hinweg, sondern hat sie zum „Mitbauen" an der Schöpfung und ihrer Zukunft bestimmt. Es ist eine Zukunft, die der Mensch beginnt und Gott vollenden wird.

Zitate

„Die Gefahr einer spezifisch katholischen Hoffnungstheologie dürfte darin liegen, daß sie leicht das kritische Moment der Hoffnung, eben ihr *»Leiden am Wirklichen»* übergeht oder vergißt. Das Ja zur guten Schöpfung besänftigt oft das Nein zur verkehrten Wirklichkeit. Dann ist der Weg nicht mehr weit bis zu den Beschwichtigungsparolen jener Politiker, die gegen die störenden ‚Madigmacher' zu Felde ziehen und aus einem ungetrübten Zweckoptimismus heraus beteuern, daß es im Grunde ‚doch so schlimm gar nicht sei'. Mit solchen Sprüchen hat die christliche Hoffnung, bei den ausgesprochenen kritischen Propheten Israels und bei dem für die Opfer der Gesellschaft Partei ergreifenden Jesus in die Schule gegangen ist, absolut nichts gemeinsam."[70]

„Diese Hoffnung ist nur dann keine billige Illusion, dieser von hierher gewonnene Trost ist nur dann keine Vertröstung, wenn Hoffnung und Trost verbunden sind mit einer realistischen Aufklärung des Menschen über sich selbst, seine Illusionen von Machbarkeit und Verfügbarkeit. (...) Nur wem im Glauben an Gott, wie er sich in Kreuz und Auferweckung Jesu Christi gezeigt hat, die Illusionen über sich selbst genommen wurden, der wird eingewiesen in die Nachfolge des Nazareners, die Erde nicht zur Hölle verkommen, sondern ein Stück vom kommenden Reich Gottes hier und heute sichtbar werden zu lassen. Dieser Hoffnung ist mit dem Projektionsverdacht ebensowenig beizukommen wie mit dem Vertröstungsverdacht. Keine Flucht nach vorn, sondern – gegen alles immer wieder drohende Zweifeln und Verzweifeln – Taten der Hoffnung! Angesichts der kommenden Vollendung einen Beitrag zum Kampf gegen die Mächte des Widersacherischen, die auch Ernst Bloch

133

kannte, gegen das ‚Böse‘, von dem Camus gesprochen hat, kurz, gegen die Mächte der Ungerechtigkeit und der Unfreiheit, des Elends: für mehr Gerechtigkeit und Leben!

Nein, wer dies ernst nimmt, hat es nicht ‚leichter‘. Wer in den Konfliktfeldern unserer Erde, wo er nun einmal hingestellt ist, die Hoffnung auf Gottes ewiges Leben auch praktisch durchhält, jenseits von Selbstüberschätzung und resignativer Verzweiflung, hat nicht von vornherein den leichteren Teil gewählt.“[71]

„Deshalb ist es schließlich und endlich eine Frage an die Christen selbst, ob sie ‚Wahrzeichen‘ ihrer Hoffnung sind:
– ob sie wirklich die einmalige Zeit ihres irdischen Daseins ganz ernst nehmen und im ‚Heute Gottes‘ leben;
– ob sie durch geschwisterlich-kommuniales Zusammenleben und durch ihr Weltengagement zeigen, daß ihnen jede Form von Individualismus und Dualismus fremd ist;
– ob das Prinzip ‚Gnade‘ zu einem Leben in Freude, Gelöstheit und Zuversicht führt und zu einem glaubhaften Zeugnis des Evangeliums (der *Frohen* Botschaft) auf dem Forum der Welt.“[72]

Materialien

Texte

B. Brecht: Gegenlied[73]

Soll das heißen, daß wir uns bescheiden
Und „so ist es und so bleibt es“ sagen sollen?
Und, die Becher sehend, lieber Dürste leiden
Nach den leeren greifen sollen, nicht den vollen?

Soll das heißen, daß wir draußen bleiben
Ungeladen in der Kälte sitzen müssen
Weil da große Herrn geruhn, uns vorzuschreiben
Was da zukommt uns an Leiden und Genüssen?

Besser scheint’s uns doch, aufzubegehren
Und auf keine kleinste Freude zu verzichten
Und die Leidensstifter kräftig abzuwehren
Und die Welt uns endlich häuslich einzurichten!

Es muß im Leben mehr als alles geben [74]

Einst hatte Jennie alles. Sie schlief auf einem runden Kissen im oberen und auf einem viereckigen Kissen im unteren Stockwerk. Sie hatte einen eigenen Kamm, eine Bürste, zwei verschiedene Pillenfläschchen, Augentropfen, Ohrentropfen, ein Thermometer und einen roten Wollpullover für kaltes Wetter. Sie hatte zwei Fenster zum Hinausschauen und zwei Schüsseln für ihr Futter. Und sie hatte einen Herrn, der sie liebte.

Doch das kümmerte Jennie wenig. Um Mitternacht packte sie alles, was sie besaß, in eine schwarze Ledertasche mit einer goldenen Schnalle und blickte zum letztenmal zu ihrem Lieblingsfenster hinaus.

„Du hast alles", sagte die Topfpflanze, die zum selben Fenster hinaussah. Jennie knabberte an einem Blatt. „Du hast zwei Fenster", sagte die Pflanze, ich habe nur eines.

Jennie seufzte und biß ein weiteres Blatt ab. Die Pflanze fuhr fort: „Zwei Kissen, zwei Schüsseln, einen roten Wollpullover, Augentropfen, Ohrentropfen, zwei verschiedene Fläschchen mit Pillen und ein Thermometer. Vor allem aber liebt er dich."

„Das ist wahr", sagte Jennie und kaute noch mehr Blätter.

„Du hast alles", wiederholte die Pflanze.

Jennie nickte nur, die Schnauze voller Blätter.

„Warum gehst du dann fort?"

„Weil ich unzufrieden bin", sagte Jennie und biß den Stengel mit der Blüte ab. „Ich wünsche mir etwas, was ich nicht habe. Es muß im Leben mehr als alles geben!"

Die Pflanze sagte nichts mehr. Es war ihr kein Blatt geblieben, mit dem sie etwas hätte sagen können.

P. Thiry d'Holbach: System der Natur [75]

Weit entfernt, die Sterblichen zu trösten, die Vernunft zu bilden und den Menschen zu lehren, sich der Hand der Notwendigkeit zu fügen, ist die Religion in tausend Ländern darum bemüht gewesen, ihm den Tod bitterer und sein Joch schwerer zu machen, seine Begleitumstände mit einer Menge von häßlichen Erscheinungen zu verunstalten und sein Nahen viel schrecklicher auszumalen, als es selbst ist. (...)

Die unsinnige Lehre von einem künftigen Leben hindert sie daran, sich mit ihrem wahren Glück zu befassen und auf die Vervollkommnung ihrer Institutionen, ihrer Gesetze, ihrer Moral und ihrer Kenntnisse bedacht zu sein; leere Trugbilder haben ihre Aufmerksamkeit gänzlich in Anspruch genommen; sie ergeben sich freiwillig in die religiöse und politische Tyrannei, sie verkümmern im Irrtum, schmachten im Elend, und das alles in der Hoffnung auf einen glücklicheren Tag und im festen Vertrauen darauf, daß ihre Not und ihre stumpfsinnige Geduld sie zu seiner Glückseligkeit ohne Ende führen werden.

Phantasiereise

Ein neuer Himmel und eine neue Erde – Die neue Stadt[76]

Vielleicht ist unser Ziel heute etwas ungewöhnlich. Ich lade euch nämlich zu einer Phantasiereise in ein zerstörtes Land ein. Habt keine Angst, es wird nicht noch weiter zerstört. Ihr sollt und könnt den Neuanfang in diesem Land mitgestalten.
Stellt euch nun eine karge, arme Landschaft vor. Ihr seit ein zusammengefallenes Haus, einen kaputten Bauernhof. Auch die Weidezäune sind umgefallen und die Bäume haben gebrannt. –
Die Landschaft ist eher dunkel, sie sieht aus, als ob ewige Dämmerung existiert. – Schau einmal, ob du Menschen und Tiere entdecken kannst? –
Vielleicht hast du bereits welche entdeckt; wenn nicht, stell dir vor, daß wieder Menschen zu dem Haus kommen. Sie haben auch einige Tiere mitgebracht. – Langsam wird es Abend. – Ein Feuer wird entzündet. Die Menschen kochen und essen schweigend. –
Die Nacht umschließt Himmel und Erde. –
Ein neuer Morgen beginnt. Die Sonne kommt hervor. Betrachte den Sonnenaufgang. Die Landschaft wird hell und in Farbe getaucht. Auch der Himmel erscheint neu und hell. –
Die Erde beginnt zu leuchten. –
Der abgebrannte Baum schlägt aus. Er bildet Knospen und Blätter. –
Stell dir vor, daß der Baum wieder blühen kann. –
Die Menschen kommen hervor und räumen auf. Sie beginnen, das Haus und den Hof aufzubauen. Die Tiere suchen sich eine Weide. –
Langsam beginnt etwas Neues zu werden. –
Jetzt kommst du in diese Landschaft, zu Haus und Hof. Auch du hast hier einen festen Platz.

Schau dich gut um: Was gibt es für dich hier zu tun? Was ist deine Aufgabe? –
Wenn du sie gefunden hast, dann mach dich an die Arbeit. –
Behalte gut in Erinnerung, womit du beschäftigt bist. Dann verabschiede dich von dem Ort und komm wieder hierher in den Raum zurück. Dehne und räkele dich, bis du wieder ganz hier bist.

Lieder

K. Marti: Osterlied[77]

Wenn das Lied nicht gesungen werden kann, kann auch einfach nur der Text vorgelesen werden!

Wir haben einen Traum

Wir haben einen Traum, der macht nicht taub, wir hören. Befrei uns, Herr, befreie uns!

Hellhörig sind wir mitten im Lärmen. Nicht überhörbar sind Schreie und Schüsse, die über die Erde gellen. Unser Traum sucht die heile Welt, nicht der Marktschreier, sondern der Verheißung Gottes.

Wer Ohren hat zu hören, der höre.

Wir haben einen Traum, der macht nicht stumm, wir rufen. Befreie uns, Herr, befreie uns!

Bittende sind wir mitten im Reichtum. Nicht zu ertragen sind Grenzen und Mauern, die die Menschen entfremden. Unser Traum sucht die brüderliche Welt, nicht der Propagandisten, sondern der Liebe Gottes.

Wer Stimme hat zu rufen, der rufe.

Wir haben einen Traum, der lähmt uns nicht, wir handeln. Befreie uns, Herr, befreie uns!

T: Alois Albrecht   M: Peter Janssens

Hier und jetzt

1. Die Zeit, zu beginnen, ist jetzt, der Ort für den Anfang ist hier.

Hier und jetzt will die Verheißung sprechen, hier und jetzt den Teufelskreis durch-

brechen, hier und jetzt, hier und jetzt, hier und jetzt.

2. Die Zeit, uns zu wandeln, ist jetzt, der Ort für den Anfang ist hier. Hier und jetzt will die Verheißung singen, hier und jetzt durch die Verhärtung dringen, hier und jetzt ...

3. Die Zeit für die Umkehr ist jetzt, der Ort für den Anfang ist hier. Hier und jetzt will die Verheißung erden, hier und jetzt zur Lebensbrücke werden, hier und jetzt ...

4. Die Zeit, zu vertrauen, ist jetzt, der Ort für den Anfang ist hier. Hier und jetzt will die Verheißung tragen, hier und jetzt die Treue Gottes sagen, hier und jetzt ...

Text: Christa Peickert-Flaspöhler, Melodie: Reinhard Horn
© KONTAKTE Musikverlag, 59557 Lippstadt

Lied und Tanz

Die Hoffnung setzt uns in Bewegung[78]

Text und Musik: mündlich überliefert · Tanz: Elke Hirsch

Die Hoff-nung setzt uns in Be - we-gung, wir

blei - ben nicht an un - serm Platz. Wir

tra - gen sie hin - aus in die Welt.

Textvarianten: *Der Glaube setzt uns in Bewegung, Der Frieden ..., die Liebe ...*

Aufstellung: Einstimmig: im geschlossenen Kreis, V-Haltung. Mehrstimmig: in mehreren Kreisen im Raum. Die Kreise setzen nacheinander ein.

Die <u>Hoffnung</u> setzt uns in Bewegung, wir	8 Schritte in TR gehen. Mit dem Volltakt beginnen.
bleiben nicht an unserm Platz.	Auf „*bleiben*" mit Schwung zur Mitte wenden und 7 Schritte zur Mitte gehen.
Wir tragen sie hinaus	Auf „*Wir*" einzeln nach außen wenden. 4 Schritte nach außen gehen.
in die Welt.	Eine Drehung mit 4 Schritten um die re Schulter. Zum Kreis durchfassen und von vorn beginnen.

Hinweis

Tanz: M. Nenninger:
„*Der Mensch in der Entscheidung*"[79]

Ein eindrucksvoller, allerdings nicht ganz einfacher „Verkündigungstanz", der zuvor einstudiert werden müßte. Er handelt von Menschen, die nur im Diesseits und von anderen, die nur in der Ausrichtung auf das Jenseits leben und zeigt, wie eine Vermittlung von beidem erreicht werden kann.

Didaktische Anregungen

■ Einstieg: *B. Brecht: Von der Freundlichkeit der Welt*
▷ Zunächst werden nur die ersten zwei Strophen des Gedichts vorgelesen, die beide mit einer Frage beginnen: „Soll das heißen ..."?

▷ Die Teilnehmer(innen) formulieren ihre persönliche Antwort darauf – in Prosa oder als eigene Gedichtstrophe..

▷ Danach wird die dritte Strophe vorgelesen. Inwieweit können sich die Teilnehmer(innen) in ihr wiederfinden?

▨ Text: Es muß im Leben mehr als alles geben
▷ Die Teilnehmer(innen) notieren je für sich:
„Alles" ist für mich in meinem Leben: ...
„Mehr als alles" ist für mich ...

▨ Schreibgespräch*:
▷ In der Mitte des Plakates steht der Satz: „Dieses Leben ist nicht alles."
▷ Die Teilnehmer tauschen sich schriftlich über ihre Gedanken und Assoziationen zu diesem Satz aus.

▨ Christliche Zukunftshoffnung und ihre Konsequenzen:
▷ Impuls
▷ Die Teilnehmer(innen) stellen die Aspekte christlicher Zukunftshoffnung, die für sie persönlich besonders wichtig sind, für sich oder paarweise in Form einer Mind-map* dar.

▨ Gedicht von *H. Heine* – als Alternative eignet sich auch der Text von *P. Thiry d'Holbach*:
▷ Die Teilnehmer(innen) bearbeiten den Text nach der sog. Västeras-Methode*.
▷ Die Teilnehmer(innen) vergleichen in Gruppenarbeit das Gedicht von Heine mit je einem der genannten Lieder. Inwiefern stellen sie Gegentexte zu Heine dar?

▨ Phatasiereise*:
▷ Auswertung: Die Teilnehmer tauschen sich aus, was sie in dieser Phantasiereise als ihre ureigene Aufgabe gesehen haben.

▨ Abschluß: Lied und Tanz: „Die Hoffnung setzt uns in Bewegung"

Im folgenden werden einige ausgewählte Methoden in alphabetischer Reihenfolge in Kurzform erläutert.

Ausführliche Anleitungen finden sich in allen gängigen Methodenbüchern für Religionsunterricht, Jugendarbeit und Erwachsenenbildung sowie in Werken zur Gestaltpädagogik.

Collage

Die Teilnehmer(innen) gestalten ein Thema, indem sie Sätze, Satzfetzen, Wörter und Bilder aus Zeitungen, Illustrierten, alten Büchern etc. ausschneiden, in origineller oder auch verfremdeter Weise auf einem Plakat komponieren und, sobald sie ein endgültiges Arrangement gefunden haben, aufkleben. Auch Wollreste und andere Materialien, ja sogar Pflanzen können bei Bedarf verwendet werden.

Metaphernmeditation

Die Teilnehmer(innen) suchen für einen – oftmals abstrakten – Begriff, wie z. B. „Leib", ein (oder mehrere) ausdrucksstarke(s) Bild(er), indem sie den Satz ergänzen:
„Der Leib ist für mich wie ..." – „wie ein Schutzpanzer"/ „wie ein Spiegel der Seele"/ „wie die Raupenhülle, in der der Schmetterling steckt" ...

Mind-map

„Mind-map" heißt wörtlich übersetzt „Gedanken-(Land)Karte". Dazu werden die Assoziationen, Gedanken und Ideen der Teilnehmer(innen) zu einem bestimmten Thema gesammelt und auf einem großen Blatt Papier mit Hilfe verschiedener Verzweigungen und Verästelungen in eine graphische Struktur gebracht, die die Form einer „Landkarte" annimmt:

Das Thema wird in die Mitte geschrieben. Davon zweigen die Hauptäste ab, an denen die Schlüsselworte (keine langen Sätze!) plaziert werden. Von ihnen gehen weitere Verzweigungen ab, die die Schlüsselbegriffe weiter entfalten und differenzieren. Wichtig ist, daß die Ordnung bzw. Hierarchie der Verzweigungen beachtet wird, die vom Abstrakten zum Konkreten und vom Allgemeinen zum Besonderen führt. Zur Strukturierung dienen auch Bilder und Symbole sowie unterschiedliche Farben und Schriften bzw. Schriftgrößen (auf Leserlichkeit achten; besonders eignen sich Blockbuchstaben).

Mind-maps können allein, zu zweit oder in Gruppen erstellt werden. Sie dienen der Gliederung und systematischen Entfaltung eines Themas, können aber auch zur Planung und Ideensammlung verwendet werden. Durch ihre Überschaubarkeit und das Bemühen um eine Struktur führen sie über ein bloßes Brainstorming weit hinaus. Beispiel zum Thema „Zukunftshoffnung" (siehe Seite 144).

Musikmeditation

Während Musik heute vielfach begleitend „nebenbei" gehört wird, zielt diese Methode in mehreren Schritten auf ein vertieft-meditatives Hören und Verarbeiten eines Musikstückes ab:
– Die Teilnehmer(innen) hören das Stück ein erstes Mal und tauschen verbal ihre Eindrücke aus.
– Sie hören das Stück ein zweites Mal und lassen es in Stille nachklingen.
– Sie hören es ein drittes Mal und bringen ihre Eindrücke in einem Bild zum Ausdruck (besonders eignen sich dafür Wasserfarben).

Phantasiereise (thematisch gebunden)

Die Teilnehmer(innen) werden Satz für Satz angeleitet, sich in eine Situation hineinzuversetzen oder sich etwas Bestimmtes vorzustellen, indem sie ihrer Phantasie freien Lauf lassen. Dadurch daß Phantasiereisen die rechte Hirnhälfte ansprechen, aktivieren sie vor allem emotionale und kreative Potentiale. Auf diese Weise stellen sich, unbeeinflußt von Willen und Verstand, innere Bilder ein, die Erfahrungen ermöglichen, Erlebtes widerspiegeln, der Selbsterkenntnis dienen, Verdrängtes ins Bewußtsein heben, auch etwas über die eigenen Stärken und Schwächen aussagen. Die hier vorge-

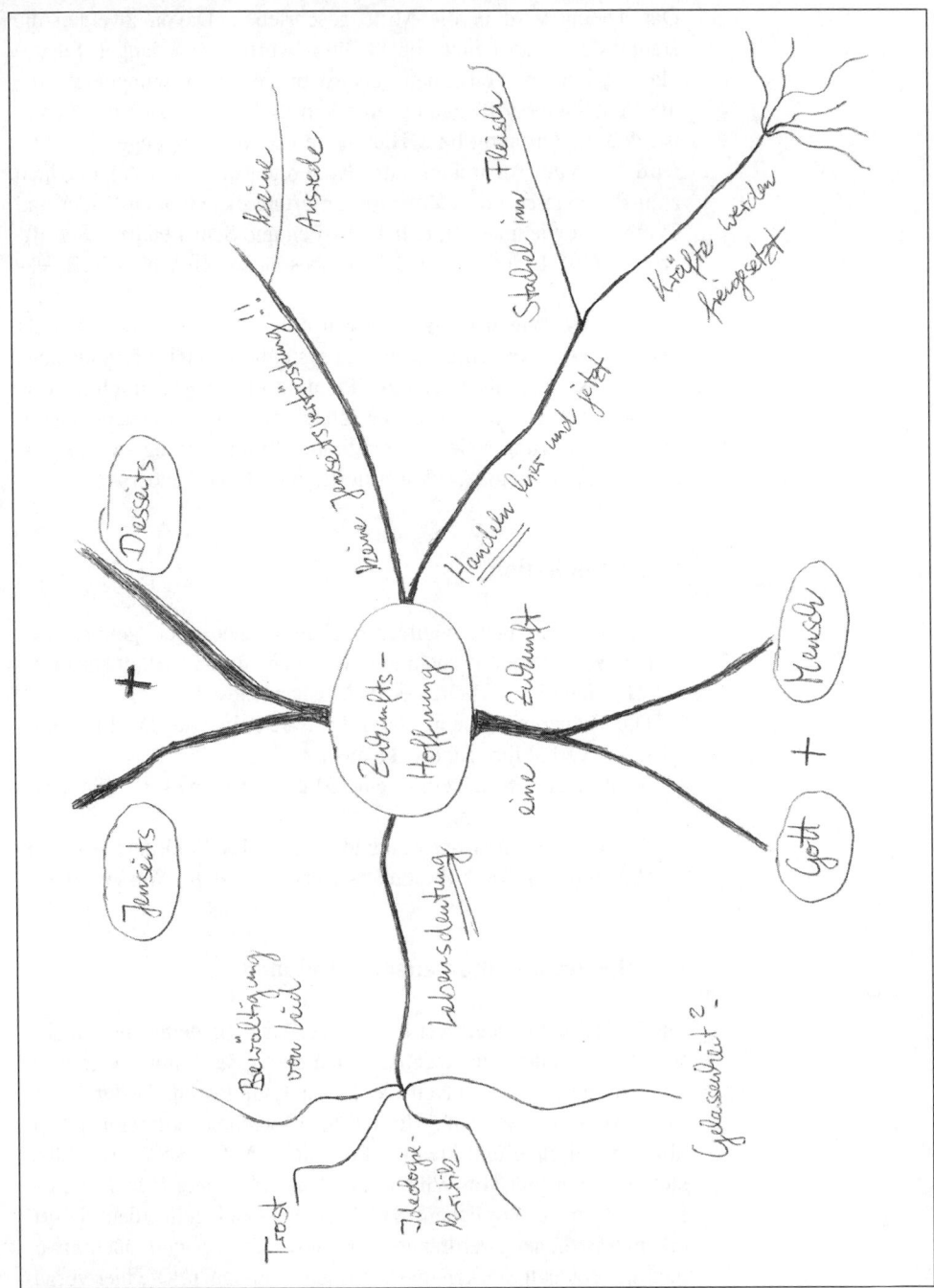

stellten Phantasiereisen dienen vor allem dazu, die Teilnehmer(innen) mit dem jeweiligen Thema – z. B. Vollendung – über die bloß kognitive Ebene hinaus auch affektiv-emotional in Kontakt zu bringen bzw. sich in die jeweilige Situation aktiv hineinzuversetzen.
Jede Phantasiereise umfaßt vier Phasen und wird von einer Person angeleitet:

1. Vorbereitung und Hinführung:
Die Teilnehmer(innen) sitzen an Tischen und legen mit verschränkten Armen den Kopf auf den Tisch; die Augen sind geschlossen. Wenn es gewünscht und von den Raumverhältnissen her möglich ist (Decken oder Teppichboden), liegen sie in Rückenlage auf dem Boden, die Beine leicht nach außen gekippt, die Arme seitlich am Körper.
Die Einleitung dient vor allem der Entspannung: Die Teilnehmer(innen) nehmen sich selbst und ihre Umgebung wahr, achten auf ihren Atem, werden ruhig und stimmen sich auf die Übung ein. Wichtig ist, daß sie sich in ihrer Situation wohl fühlen und Störungen (Lärm, Zugluft etc.) so weit wie möglich beseitigt werden.

2. Durchführung:
Der Text wird langsam, mit ruhiger Stimme und mit genügend langen Pausen gesprochen, so daß genügend Raum für die eigenen Bilder bleibt.

3. Rückholung:
Nach der Übung werden die Teilnehmer(innen) Schritt für Schritt in die Realität zurückgeholt. Dies geschieht durch die Aufforderung, von dem Erlebten Abschied zu nehmen, durch Formulierungen wie „Ich kehre wieder in den Raum zurück" und durch eine allmähliche Steigerung der Stimme. Am Schluß atmen die Teilnehmer(innen) tief durch, strecken sich, öffnen die Augen und machen sich ihre Gegenwart im Raum bewußt.

4. Auswertung:
Die Teilnehmer(innen) tauschen sich – im Plenum, in Gruppen oder paarweise – über das aus, was sie erlebt, gesehen, gehört, gefühlt haben. Dies kann entweder verbal oder auf kreativ-gestalterische Weise geschehen: durch Malen, Tonen, Verklanglichen.
Für Phantasiereisen gilt noch mehr wie für alle anderen Methoden das Prinzip der Freiwilligkeit und des jederzeitigen Aussteigen-Könnens, wenn das Erlebte den Betreffenden zu nahe geht oder zu sehr auf-

wühlt. Es können verschüttete Ängste oder Konflikte aufbrechen, die es dann aufzufangen gilt. Möglich ist auch, daß einzelne in der Imagination verbleiben; sie müssen dann eigens, z. B. durch Schütteln oder Hinstellen, zurückgeholt werden. Wer Phantasiereisen anleitet, sollte sich auf solche Situationen einstellen und bereits Erfahrungen mit dieser Methode gemacht haben. Auf jeden Fall sollte er/sie sich der jeweiligen Übung vor ihrer Anleitung selbst unterziehen.

Psalmen schreiben

So wie in den alttestamentlichen Psalmen die Beter alles, was sie bewegt, ungeschminkt und in ausdrucksstarker Sprache vor Gott bringen, können auch Menschen heute ihre Anliegen in Gestalt eines selbstgeschriebenen Psalms vor Gott tragen. Dabei kommt es nicht auf kunstvolle Formulierungen an, sondern darauf, daß die Betreffenden darin ihre persönlichen Sorgen und Nöte, Hoffnung und Freude zum Ausdruck bringen können – als Klage-, Hoffnungs-, Bitt- oder auch Dankespsalm. Darum spricht der Psalmenschreiber immer in der Ich-Form.

Um das Schreiben zu erleichtern, ist es hilfreich, eine bestimmte Struktur vorzugeben, die je nach Art des Psalms etwas variieren kann (im einen Fall liegt der Schwerpunkt auf der Klage, im anderen auf der Bitte, im dritten auf der Bekundung der Hoffnung), in ihrer Grundgestalt jedoch immer gleich bleibt:

1. „Ich": Der Beter klagt Gott seine Not:
   z. B.: „Ich rufe zu Dir, weil ..." – „Ich habe Angst ..." – „Ich fühle mich von Dir verlassen" ...

2. „Du aber Gott / Jesus": Er wendet sich Gott zu, auf den er seine Hoffnung setzt und von dem er Hilfe erwartet:
   z. B.: „Du aber Gott kennst mich. Du bist meine einzige Hoffnung" – „Du aber zeigst mir den richtigen Weg" – „Du Jesus, kannst uns Menschen retten" ...

3. „Darum Gott / Jesus / Herr": Diese Zuversicht mündet in eine Bitte oder auch in einen Dank:
   z. B.: „Darum guter Gott bitte ich Dich: Laß mich sündigen Menschen nicht fallen" – „Darum Herr möchte ich Dir danken, daß ich aufgehoben bin in Dir" ...

Schreibbild

Ein Wort wird nicht nur in normalen Buchstaben aufgeschrieben, sondern zugleich mit Symbolen, Zeichnungen und ggf. auch Farben als Bild gestaltet.
Beispiele zum Thema Auferweckung[80]:

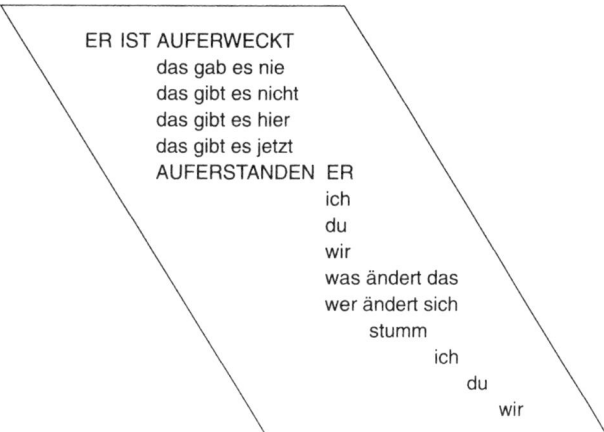

```
                    R
                    E
                    T
                    S
                    I
         auferstanden
         au ferstanden
         auferstanden
         auferstanden
         auferstanden
         auferstanden
         auferstanden
         auferstanden
         auferstanden
er ist auferstanden
```

```
         ER IST AUFERWECKT
              das gab es nie
              das gibt es nicht
              das gibt es hier
              das gibt es jetzt
         AUFERSTANDEN ER
                          ich
                          du
                          wir
                  was ändert das
                  wer ändert sich
                       stumm
                              ich
                                du
                                    wir
```

```
ER IST AUFERWECKT
         angst
              entsetzen
                   stummmmmmmmmmmmmmmmER IST AUFERWECKT
```

Schreibgespräch

Eine Gruppe von 2 bis maximal 6 Personen setzt sich um ein Plakat bzw. einen großen Bogen Papier, in dessen Mitte das Thema bzw. eine Frage geschrieben steht. Das Gespräch, das sie über dieses Thema führt, verläuft nicht mündlich, sondern schriftlich, indem alle Äußerungen aufgeschrieben werden. Dabei herrscht Schweigen. Die einzelnen Äußerungen können kommentiert, ergänzt, zurückgewiesen werden; auch Ausrufe- und Fragezeichen etc. sind möglich. Die schriftliche Form führt zu einer verlangsamten und bewußteren Unterhaltung. Während im Gespräch oft etwas schnell und gedankenlos dahin gesagt wird, bedenken die Teilnehmer(innen) an einem Schreibgespräch in der Regel genauer, was sie sagen wollen.

Variante: Schreibdiskussion

Gleiche Methode wie ein Schreibgespräch, nur weniger meditativ ausgerichtet, da es hier speziell um das Finden von Argumenten und Gegenargumenten geht.

Standbild stellen

Diese Methode der Bilderarbeit ermöglicht eine „leibbezogene" und dadurch vertiefte Auseinandersetzung mit einem Bild. Sie eignet sich für Bilder, auf denen mehrere Personen in markanter Konstellation oder Haltung dargestellt sind.
– Die Teilnehmer(innen) bekommen genügend Zeit, das betreffende Bild in seinen Details zu betrachten.
– Jede(r) wählt in Absprache mit den anderen eine der abgebildeten Personen aus und nimmt deren Haltung, Mimik und Gestik an (z. B. auf den Boden kauern, Arme emporstrecken, Gesicht bedecken, Mund weit aufreißen). Dabei kommt es nicht in erster Linie auf eine detailgetreu-perfekte Nachahmung an, sondern darauf, sich durch die eingenommene Position und Mimik emotional in die Situation der Personen hineinzuversetzen. – Wenn erheblich mehr Teilnehmer(innen) als abgebildete Personen anwesend sind, werden zwei oder mehr Gruppen gebildet. Sind nur zwei oder drei überzählig, können einige Personen auch doppelt dargestellt werden.

– Die einzelnen Personen stellen nun das gesamte Bild nach und verharren für einige Zeit in ihrer Position. Bei Bedarf kann ein(e) Leiter(in) die nötigen Regieanweisungen geben.
– Nach der Auflösung findet ein Austausch statt, wie sich die einzelnen in ihrer Position bzw. Situation gefühlt haben.

Ungegenständliches Malen

Die Teilnehmer(innen) bringen ihre Vorstellungen oder Empfindungen unter Verzicht auf gegenständliche Darstellung allein mit Hilfe von verschiedenen Farben (und Formen) zum Ausdruck. Besonders eignen sich dafür Fingerfarben oder Wachsmalkreide.

Västeras-Methode

Dabei handelt es sich um eine Weise der Textbearbeitung, die erstmals in der schwedischen Stadt Västeras angewendet wurde. Die Teilnehmer(innen) lesen einen ihnen unbekannten Text und bearbeiten ihn mit folgenden Zeichen:
!: Hier ist mir etwas wichtiges aufgegangen
?: Das ist mir unklar oder fragwürdig
→: Das ist für meine persönliche Situation wichtig

Dieses Zeichenrepertoire kann durch weitere Markierungen ergänzt werden:
Durchstreichen: Diese Aussage lehne ich ab
↔: Dem widerspreche ich

Anmerkungen / Rechtenachweis

[1] Einen guten Überblick bieten: *K. Dorn/H. Wagner*: Zum Thema: „Eschatologie, Tod, Gericht, Vollendung" (Handreichung für Erwachsenenbildung, Religionsunterricht und Seelsorge), Paderborn 1992: Biblische Grundlagen, 13–61; *J. Finkenzeller*: Die Grundzüge der Eschatologie nach dem Zeugnis der Heiligen Schrift, in: W. Beinert (Hg.): Glaubenszugänge. Lehrbuch der katholischen Dogmatik Bd. III, Paderborn 1995, 536–546; 619–629; sowie *H. Vorgrimler*: Hoffnung auf Vollendung. Aufriß der Eschatologie, Freiburg 1980, 17–82.

[2] Vgl. insbesondere die jüngste Umfrage „Was glauben die Deutschen?" Tabellarische Auswertung der Befragung des EMNID-Instituts, Bielefeld, in der Zeit vom 02. bis 07. Mai 1997 im Auftrag von Das Sonntagsblatt, Hamburg 1997, 17–32, bes. Tabelle 5: Vorstellungen über den Tod. Demnach ist fast jeder zweite der Überzeugung, daß mit dem Tod alles aus sei; die entgegengesetzte Position „Es gibt ein Leben nach dem Tod" wurde von 43% der Befragten bejaht. Dem christlichen Bekenntnis „Ich glaube an die Auferstehung der Toten" stimmten nur 29,5% zu. Zu ähnlichen Ergebnissen in Bezug auf den Glauben Jugendlicher kam 1992 die Studie des *Jugendwerks der Deutschen Shell* (Hg.): Jugend '92. Lebenslagen, Orientierungen und Entwicklungsperspektiven im vereinigten Deutschland, 4 Bde., Opladen 1992, Bd. 1, 237ff.

[3] Aufschlußreich sind in diesem Zusammenhang die statistischen Erhebungen des Instituts für Religionssoziologie und Gemeindeaufbau der Kirchlichen Hochschule Berlin, zusammengestellt und ausgewertet in den beiden Bänden: *K.-P. Jörns:* Die neuen Gesichter Gottes. Was die Menschen heute wirklich glauben, München 1997, v. a. 181–189; *ders./C. Großeholz* (Hg.): Was die Menschen wirklich glauben. Die soziale Gestalt des Glaubens – Analysen einer Umfrage, Gütersloh 1998, v.a. 64–66; 154–157; 181–183, 240–242. Ihr Fazit lautet: „Wie das Gottesbild wandelt sich auch die ‚Dogmatik', welche die Menschen in den Köpfen haben. Was die Menschen über Glaubensdinge denken, unterscheidet sich deutlich vom Inhalt der Lehrbücher. Die Prägung durch christliche Kultur ist jedoch noch vorhanden." (ebd. 183)

[4] Nach *K.-P. Jörns:* Die neuen Gesichter Gottes, 183, glauben immerhin 18% der sich selbst als „religionslos" Einstufenden daran, daß es ein wie auch immer geartetes Leben nach dem Tod gibt.

[5] Laut der eingangs zitierten EMNID-Umfrage stimmt ein Viertel der Befragten der Lehre von Reinkarnation und Seelenwanderung zu. Verbreitet scheint sie insbesondere unter Jugendlichen. In einer Erhebung unter Gymnasiast(inn)en von *K.-P. Jörns/C. Großeholz* (Hg.): Was die Menschen wirklich glauben, 155f, bekannten sich zu ihr ein Drittel. Nach der einige Jahre zurückliegenden Umfrage von *D. Otten* u.a.: Lebensstile der Jugend im Osten und Westen der Bundesrepublik der 90er Jahre, Osnabrück 1992, 70, die sich am Schüler(innen) aller Schularten wandte, glaubten gut ein Fünftel an die Seelenwanderung.

[6] Ausführlich dazu *W. Thiede:* Die mit dem Tod spielen. Okkultismus, Reinkarnation, Sterbeforschung, Gütersloh 1994.

[7] Vgl. exemplarisch *E. Kübler-Ross:* Befreiung aus der Angst. Berichte aus den Workshops „Leben, Tod und Übergang", Gütersloh 1992.

[8] *H. Vorgrimler:* Hoffnung auf Vollendung. Aufriß der Eschatologie, Verlag Herder Freiburg [2]1984, 83.

[9] *G. Greshake:* Stärker als der Tod, Matthias-Grünewald-Verlag, Mainz [13]1999, 27–30.

[10] Tanz: Choreographie: Marlies Ott, Tanzillustrationen: Max Bosshart, in: *M. Ott:* Bewegte Botschaft. Liedtänze zum Tages-, Jahres- und Lebenskreis, © Theologischer Verlag Zürich / Verlag am Eschbach, Zürich ²1998 (mit CD), 44f.

[11] *I. Bachmann:* Werke, Bd 1, © Piper Verlag, München 1962, 44.

[12] *L. Zenetti,* in: ders.: Sieben Farben hat das Licht, München 1975, 112, © Lothar Zenetti, Frankfurt a. M.

[13] Leicht verändert nach: *K. Dorn/H. Wagner:* Zum Thema: „Eschatologie, Tod, Gericht, Vollendung" (Handreichung für Erwachsenenbildung, Religionsunterricht und Seelsorge), Bonifatius Verlag, Paderborn 1992, 102f.

[14] *M. Kehl:* „Bist du kommst in Herrlichkeit ..." Neuere theologische Deutungen der „Parusie Jesu", in: *J. Pfammatter/E. Christen* (Hg.): Hoffnung über den Tod hinaus, Zürich 1990, 95–138, 97, Rechteinhaber unbekannt.

[15] *F.-J. Nocke:* Zwischen Reichseschatologie und Apokalyptik, in: rhs 42 (1/99), 12–19, 19, © 1999 Patmos Verlag GmbH, Düsseldorf.

[16] Aus: Die großen Bücher von Albrecht Dürer. Mit einem Nachwort und Erläuterungen von H. Appuhn (Die bibliophilen Taschenbücher Nr. 95), 2. überarb. Aufl. Dortmund 1986, 83

[17] Petrus-Apokalypse, zit. nach: *S. Loerzer* (Hg.): Visionen und Prophezeiungen, Augsburg 1989, 182f.

[18] *F.-J. Nocke:* Eschatologie, © 1982 Patmos Verlag, Düsseldorf ⁵1995, 84.

[19] *H. Küng:* Der Himmel auf Erden?, in: ders.: Ewiges Leben?, © Piper Verlag, München ⁶1996, 250.

[20] *W. Berg:* Jenseitsvorstellungen im Alten Testament mit Hinweisen auf das frühe Judentum, in: *A. Gerhards* (Hg.): Die größere Hoffnung der Christen. Eschatologische Vorstellungen im Wandel, Verlag Herder, Freiburg 1990, 28–58, 57.

[21] *B. Brecht:* Gegen Verführung, in: ders.: Gedichte 1. Gesammelte Werke Bd. 11, © Suhrkamp Verlag, Frankfurt 1988, 116.

[22] In: *W. Schneider:* Getanztes Gebet. Vorschläge für Gottesdienste in Gemeinde und Gruppe, Verlag Herder, Freiburg 1986, 30f.

[23] *H. Küng:* Credo. Das Apostolische Glaubensbekenntnis - Zeitgenossen erklärt, © Piper Verlag, München ⁶1992, 148.

[24] *K. Berger:* Ist mit dem Tod alles aus?, Stuttgart 1997, 13f., © Quell/Gütersloher Verlagshaus

[25] *F.-J. Nocke:* Liebe, Tod und Auferstehung. Über die Mitte des Glaubens, Kösel-Verlag, München ³1993, 144.

[26] *L. Zenetti:* Texte der Zuversicht – für den einzelne und die Gemeinde, München 1976, 28, © Lothar Zenetti, Frankfurt a. M.

[27] *M. L. Kaschnitz:* Auferstehung, in: Überall nie. Ausgewählte Gedichte 1928–1965, Classen Verlag, Hamburg 1962, 13.

[28] *K. Marti:* Werkauswahl in fünf Bänden, Aus: Namenszug mit Mond, Gedichte, © 1996 Verlag Nagel & Kimche AG, Zürich.

[29] Liedrechte: T: AÖL unter Verwendung von Kolosser 3,1, © Bärenreiter Verlag, Kassel, M: Köln 1623; Tanz: Choreographie: Marlies Ott, Tanzillustrationen: Max Bosshart, in: *M. Ott:* Bewegte Botschaft. Liedtänze zum Tages-, Jahres- und Lebenskreis, © Theologischer Verlag Zürich/Verlag am Eschbach, Zürich ²1998, 26–28 (mit CD).

[30] 4. Konzil von Konstantinopel, in: *P. Hünermann* (Hg.): Heinrich Denzinger. Kompendium der Glaubensbekenntnisse und kirchlichen Lehrentscheidungen. Lateinisch-Deutsch, Freiburg ³⁸1999, 303.

[31] Johannes XXII: Bulle „Ne super his", ebd. 405.

151

[32] Schreiben der Glaubenskongregation an alle Bischöfe „Recentiores episcoporum synodi" vom 17. Mai 1979, in: *P. Hünermann* (Hg.): Heinrich Denzinger. Kompendium der Glaubensbekenntnisse und kirchlichen Lehrentscheidungen. Lateinisch-Deutsch, Freiburg [38]1999, 1404.

[33] Ebd.

[34] Ebd. 405.

[35] Ebd. 406.

[36] *G. Greshake/G. Lohfink:* Naherwartung - Auferstehung – Unsterblichkeit. Untersuchungen zur christlichen Eschatologie, Verlag Herder, Freiburg [5]1986, 88.

[37] *H. Kessler:* Die Auferstehung Jesu und unsere Auferstehung, in: J. Pfammatter/ E. Christen (Hg.): Hoffnung über den Tod hinaus, Zürich 1990, 65–94, 81, Rechteinhaber unbekannt.

[38] *H.M. Enzensberger:* Kiosk. Neue Gedichte, Suhrkamp Verlag, Frankfurt [4]1995, 129.

[39] Aus: P. Jezler (Hg.): Himmel, Hölle, Fegerfeuer. Das Jenseits im Mittelalter. Eine Ausstellung des Schweizerischen Landesmuseums in Zusammenarbeit mit dem Schnütgen-Museum und der Mittelalterabteilung des Wallraf-Richartz-Museum der Stadt Köln, München [2]1994, 272.

[40] Aus: P. Jezler (Hg.): Himmel, Hölle, Fegerfeuer. Das Jenseits im Mittelalter. Eine Ausstellung des Schweizerischen Landesmuseums in Zusammenarbeit mit dem Schnütgen-Museum und der Mittelalterabteilung des Wallraf-Richartz-Museum der Stadt Köln, München [2]1994, 341.

[41] *L. Deiss/G. Weyman/T. Berger:* Halleluja, Ehre sei dir, in: T. Berger (Hg.): Tanzt vor dem Herrn, lobt seinen Namen, Matthias-Grünewald-Verlag, Mainz 1985, 96–99.

[42] *O. Cullmann:* Unsterblichkeit der Seele oder Auferstehung der Toten?, Stuttgart 1964, 9.

[43] Vgl. *K.-P. Jörns:* Die neuen Gesichter Gottes. Was die Menschen heute wirklich glauben, München 1997, 185.

[44] Synode von Toledo: Glaubensbekenntnis, in: *P. Hünermann* (Hg.): Heinrich Denzinger. Kompendium der Glaubensbekenntnisse und kirchlichen Lehrentscheidungen. Lateinisch-Deutsch, Freiburg [38]1999, 269.

[45] Schreiben der Glaubenskongregation an alle Bischöfe „Recentiores episcoporum synodi" vom 17. Mai 1979, in: ebd. 1404.

[46] Ebd. 1404.

[47] *M. Kehl:* Eschatologie, Echter Verlag, Würzburg [3]1996, 277.

[48] *G. Greshake:* Theologiegeschichtliche und systematische Untersuchungen zum Verständnis der Auferstehung, in: ders./J. Kremer: Resurrectio mortuorum. Zum theologischen Verständnis der leiblichen Auferstehung, Wissenschaftliche Buchgesellschaften, Darmstadt 1986, [2]1992, 165–372, 258.

[49] *G. Greshake:* Auferstehung der Toten, Essen 1969, 387, © Prof. Dr. Gisbert Greshake, Freiburg i. Br.

[50] *M. Kehl:* Eschatologie, Echter Verlag, Würzburg [3]1996, 278.

[51] *D. Grünbein:* Den teuren Toten. 33 Epitaphe, © Suhrkamp Verlag, Frankfurt 1994, 19.

[52] *J. Jewtuschenko*, nach: G. Greshake: Stärker als der Tod, Topos Taschenbuch 50, Matthias-Grünewald-Verlag, Mainz [13]1999, 67.

[53] Aus: L. Partridge / F. Macimelli / G. Colalucci: Die Sixtinische Kapelle. Das Jüngste Gericht, Düsseldorf 1997, S. 17.

[54] Verfasserin: *S. Pemsel-Maier*

[55] Schreiben der Glaubenskongregation an alle Bischöfe „Recentiores episcoporum synodi", in: *P. Hünermann* (Hg.): Heinrich Denzinger. Kompendium der Glau-

bensbekenntnisse und kirchlichen Lehrentscheidungen. Lateinisch-deutsch, Freiburg 1999, 1404.

[56] *H. Vorgrimler:* Hoffnung auf Vollendung. Aufriß der Eschatologie, Verlag Herder, Freiburg ²1984, 69.

[57] *O. Betz:* Vom Umgang mit der Zeit. Ein Gradmesser unserer Lebenskunst, Echter Verlag, Würzburg ²1996, 109.

[58] *N. Scholl:* Tot - und was kommt dann? Ein theologischer Kurs im Medienverbund, Matthias-Grünewald-Verlag, Mainz 1979, 86f.

[59] *W. Habdank:* In Erwartung, in: P. Neuenzeit (Hg.): Bilder der Hoffnung. 24 Holzschnitte zur Bibel von Walter Habdank. Bd. 1: Interpretationen und Kontexte, Kösel-Verlag, München 1980, 113.

[60] *N. Scholl:* Tot – und was kommt dann? Ein theologischer Kurs im Medienverbund, Matthias-Grünewald-Verlag, Mainz 1979, 86.

[61] *H. Vorgrimler:* Hoffnung auf Vollendung. Aufriß der Eschatologie, Verlag Herder, Freiburg ²1984, 170f.

[62] *M. Kehl:* Eschatologie, Echter Verlag, Würzburg ³1996, 249.

[63] *F.-J. Nocke:* Eschatologie, Düsseldorf ⁵1995, 143f.

[64] *G. und R. Maschwitz:* Phantasiereisen zum Sinn des Lebens, Kösel-Verlag, München 1998, 147f.

[65] *R. O. Wiemer:* Entwurf für ein Osterlied, in: ders.: Ernstfall, J. F. Steinkopf Verlag, Stuttgart ²1973, 55.

[66] *G. Biemer:* Die neue Schöpfung, in: ders./A. Biesinger/W. Tzscheetzsch: Anstiftungen. Ein Hoffnungsbuch für junge Menschen, Verlag Herder, Freiburg ⁷1990, 109.

[67] Die 12 Tore Jerusalems, in: *G. Watkinson* (Hg.): 77 Spiel- und Tanzlieder zur Bibel, Verlag Ernst Kaufmann, Lahr 1979, 68–70.

[68] Eine Umfrage unter evangelischen Pfarrer(inne)n und Theologiestudierenden hat gezeigt: „Wenn es um die letzten Dinge im Sinne einer bestimmten traditionellen Begrifflichkeit geht, erscheint ihr Stellenwert für die befragte Theologenschaft eher nachgeordnet. (...) Das gilt für die Vorstellungen von *Himmel und Hölle* als Orte eines Seins nach dem Tode, für den Satz *Diese Erde soll gar nicht erhalten bleiben, denn nach ihr kommt eine bessere Welt von Gott* Ebenso *wie für den Gedanken Erkennbar zahlt sich das Gutsein erst im Jenseits (im nächsten Leben) aus.* Handelt es sich bei der eschatologischen Dimension aber um existentiell empfundene und verstandene Aussagen zur Zukunft (z. B. Verantwortung vor Gott), werden diese Aussagen sehr viel häufiger angenommen." *A. Rademacher/K.-P. Jörns:* Antworten von Pfarrerinnen/Pfarrern und Theologiestudierenden, in: *ders./C. Großenholz* (Hg.): Was die Menschen wirklich glauben, 195–260, 242.

[69] Vgl. dazu die sehr anregende Darstellung von *M. Gronemeyer:* Das Leben als letzte Gelegenheit, Darmstadt 1996.

[70] *M. Kehl:* Eschatologie, Echter Verlag, Würzburg ³1996, 58.

[71] *H. Küng:* Ewiges Leben?, © Piper Verlag, München ⁶1996, 291.

[72] *G. Greshake:* Tod - und dann? Ende – Reinkarnation – Auferstehung: Der Streit der Hoffnungen, Verlag Herder, Freiburg 1988, 92.

[73] In: *B. Brecht:* Gedichte 5: Gedichte und Gedichtfragmente (1940–56). Werke Bd. 15, © Suhrkamp Verlag, Frankfurt 1993, 296.

[74] *M. Sendak:* Higgelti, Piggelti Pop! oder Es muß im Leben mehr als alles geben, © 1980 by Diogenes Verlag AG, Zürich 1969.

[75] *P. Th. d'Holbach:* System der Natur (1770), in: H. Wolle (Hg.): Auf der Suche nach dem Glück. Eine Anthologie, Berlin 1975, 190f, Rechteinhaber unbekannt.

[76] In Abwandlung nach *G. u. R. Maschwitz:* Phantasiereisen zum Sinn des Lebens, Kösel-Verlag, München 1998, 116f.

[77] *Kurt Marti/P. Janssens:* Osterlied (1970), in: Gotteslob. Ausgabe für die Diözese Limburg, Nr. 837, © Peter Janssens Musik-Verlag, Telgte.

[78] In: *E. Hirsch:* Kommt, singt und tanzt. Materialien für Schule und Gemeinde, © Patmos Verlag, Düsseldorf 1997 (mit CD), 53f.

[79] *M. Nenninger:* „Der Mensch in der Entscheidung", in: T. Berger (Hg.): Tanzt vor dem Herrn, lobt seinen Namen, Mainz 1985, 141–146.

[80] Die Beispiele stammen aus *L. u. M. Knecht:* Lebendige Bibelarbeit. Beispiele für Schule und Gemeinde, Freiburg 1992, 255–257.

Literaturverzeichnis

Schwierigkeiten und Aufgaben heutiger Eschatologie

K. Dorn / H. Wagner: Zum Thema: „Eschatologie, Tod, Gericht, Vollendung" (Handreichung für Erwachsenenbildung, Religionsunterricht und Seelsorge), Paderborn 1992, 63–74.

Art. Eschatologie, in: *W. Kasper u. a.* (Hg.): Lexikon für Theologie und Kirche, Bd. 3, Freiburg 1995, 859–880.

A. Gerhards: Christliches Hoffnungsangebot im Konkurrenzdruck?, in: ders. (Hg.): Die größere Hoffnung der Christen. Eschatologische Vorstellungen im Wandel, Freiburg 1990, 9–12.

M. Kehl: Hoffnung auf ein „neues Zeitalter"? Die gegenwärtige Herausforderung der christlichen Eschatologie durch „New Age", in: ebd. 108–130.

F.-J. Nocke: Wandel eschatologischer Modelle, in: H. Becker u. a. (Hg.): Im Angesicht des Todes, Bd. 2, St. Ottilien 1987, 813–836.

R. Sachau: Weiterleben nach dem Tod? Warum immer mehr Menschen an Reinkarnation glauben, Gütersloh 1998.

Hintergrund und Hilfe zum Verständnis biblisch-eschatologischer Texte: Die Apokalyptik

Art. „Apokalyptik", in: *W. Kasper u. a.* (Hg.): Lexikon für Theologie und Kirche, Bd. 1, Freiburg 1993, 814–821.

D. Dormeyer / L. Hauser: Weltuntergang und Gottesherrschaft, Mainz 1990.

K. Dorn / H. Wagner: Zum Thema: „Eschatologie, Tod, Gericht, Vollendung" (Handreichung für Erwachsenenbildung, Religionsunterricht und Seelsorge), Paderborn 1992, 27–36.

M. Kehl: Eschatologie, Würzburg ³1996, 114–124.

F.-J. Nocke: Eschatologie, Düsseldorf ⁵1995, 29–50.

A. Sand: Jüdische und christliche Apokalyptik – Exegetische Fragen und theologische Aspekte, in: A. Gerhards (Hg.): Die größere Hoffnung der Christen. Eschatologische Vorstellungen im Wandel, Freiburg 1990, 59–77.

H. Vorgrimler: Hoffnung auf Vollendung. Aufriß der Eschatologie, Freiburg 1980, 26–32.

Da auf die Offenbarung des Johannes in diesem Rahmen nicht ausführlich ein-
gegangen werden kann, sei an dieser Stelle auf weiterführende Literatur mit guten
didaktischen Hinweisen verwiesen:
Ermutigung zum Christsein: Offenbarung , bearb. von *H. Giesen* u. a., hg. von der
Deutschen Bibelgesellschaft und vom Katholischen Bibelwerk, Stuttgart 1992
(Bibelauslegung für die Praxis 27).

Vom „Schattenreich" im Alten Testament zur Hoffnung auf Auferstehung

W. Berg: Jenseitsvorstellungen im Alten Testament mit Hinweisen auf das frühe Ju-
dentum, in: A. Gerhards (Hg.): Die größere Hoffnung der Christen. Eschatologische
Vorstellungen im Wandel, Freiburg 1990, 28–58.
K. Dorn / H. Wagner: Zum Thema „Eschatologie, Tod, Gericht, Vollendung, Pa-
derborn 1992, 13–27.
J. Finkenzeller: Eschatologie, in: W. Beinert (Hg.): Glaubenszugänge. Lehrbuch
der Katholischen Dogmatik, Bd. 3, Paderborn 1995, 536-539; 619–623.
M. Görg: Ein Haus im Totenreich. Jenseitsvorstellungen in Israel und Ägypten,
Düsseldorf 1998.
H. Küng: Credo. Das Apostolische Glaubensbekenntnis – Zeitgenossen erklärt,
München 1992, 131–136; 142–144.
F.-J. Nocke: Eschatologie, Düsseldorf ^{5}1995, 58–62.
H. Vorgrimler: Hoffnung auf Vollendung. Aufriß der Eschatologie, Freiburg 1980,
18–26.

Der Grund unserer Hoffnung: Die Auferweckung Jesu

Art. „Auferstehung Christi", in: *W. Kasper* u. a. (Hg.): Lexikon für Theologie und
Kirche, Bd. 1, Freiburg 1993, 1177–1190.
Art. „Auferstehung der Toten, Auferstehung des Fleisches", in: ebd. 1191–1207.
K. Berger: Ist mit dem Tod alles aus?, Stuttgart 1997.
K. Dorn / H. Wagner: Zum Thema: „Eschatologie, Tod, Gericht, Vollendung"
(Handreichung für Erwachsenenbildung, Religionsunterricht und Seelsorge), Pa-
derborn 1992, 81–84.
J. Finkenzeller: Eschatologie, in: W. Beinert (Hg.): Glaubenszugänge. Lehrbuch
der Dogmatik, Bd. 3, Paderborn 1995, 544–546; 623–629.
J. Kremer / G. Greshake: Resurrectio mortuorum, Darmstadt 1986, 83–111.
H. Küng: Credo. Das Apostolische Glaubensbekenntnis – Zeitgenossen erklärt,
München ^{6}1992, 129–152
Ders.: Ewiges Leben?, München 61996, 97–154.
G. Lange: Bilder christlicher Hoffnung über den Tod hinaus, in: A. Gerhards (Hg.):
Die größere Hoffnung der Christen. Eschatologische Vorstellungen im Wandel,
Freiburg 1990, 159–178.
F. Nocke: Eschatologie, Düsseldorf ^{5}1995, 63–-69.

Der Zeitpunkt der Auferstehung: Im Tode oder am Ende der Zeit?

W. Breuning (Hg.): Seele. Problembegriff christlicher Eschatologie, Freiburg 1986.
J. Finkenzeller: Eschatologie, in: W. Beinert (Hg.): Glaubenszugänge. Lehrbuch
der Dogmatik, Bd. 3, Paderborn 1995, 555–563.

G. Greshake / G. Lohfink: Naherwartung – Auferstehung – Unsterblichkeit, Freiburg ³1978, dort die Beiträge von G. Greshake: 82–120, 156–184, 185–192.

Ders./ J. Kremer: Resurrectio mortuorum, Darmstadt 1986; dort die Beiträge von Kremer: 112–157 und von Greshake: 165–368.

M. Kehl: Eschatologie, Würzburg ³1996, 265–272,

F.-J. Nocke: Eschatologie, Düsseldorf ⁵1995, 115–121.

R. Schulte: Leib und Seele, in: F. Böckle u. a. (Hg.): Christlicher Glaube in moderner Gesellschaft Bd. 5, Freiburg 1980, 5–61.

H. Vorgrimler: Hoffnung auf Vollendung. Aufriß der Eschatologie, Freiburg 1980, 141–155.

Auferweckung des Leibes oder Unsterblichkeit der Seele?

W. Breuning (Hg.): Seele. Problembegriff christlicher Eschatologie, Freiburg 1986.

J. Finkenzeller: Eschatologie, in: W. Beinert (Hg.): Glaubenszugänge. Lehrbuch der Dogmatik, Bd. 3, Paderborn 1995, 555–563.

G. Greshake: Stärker als der Tod, Mainz ⁹1986, 63–73, 97–101.

Ders./ J. Kremer: Resurrectio mortuorum. Zum theologischen Verständnis der leiblichen Auferstehung, Darmstadt 1986, 16–82.

Ders./ G. Lohfink: Naherwartung – Auferstehung – Unsterblichkeit, Freiburg ³1978, 82–113; 156–184.

Art. „Leib, Leiblichkeit", in: *W. Kasper* (Hg.): Lexikon für Theologie und Kirche, Bd. 6, Freiburg 1997, 763–769.

M. Kehl: Eschatologie, Würzburg ³1996, 275–279.

F.-J. Nocke: Eschatologie, Düsseldorf ⁵1995, 121–124.

R. Schulte: Leib und Seele, in: F. Böckle u. a. (Hg.): Christlicher Glaube in moderner Gesellschaft, Bd. 5, Freiburg 1980, 5–61.

„Er wird wiederkommen ...": Die Wiederkunft Christi und das Ende der Welt

J. Finkenzeller: Die Parusie des Herrn, in: W. Beinert (Hg.): Glaubenszugänge. Lehrbuch der Katholischen Dogmatik, Bd. 3, Paderborn 1995, 607–618.

G. Greshake: Stärker als der Tod?, Mainz 1986, 70–72.

M. Kehl: „Bis du kommst in Herrlichkeit ..." Neuere theologische Deutungen der „Parusie Jesu", in: J. Pfammatter/ E. Christen (Hg.): Hoffnung über den Tod hinaus, Zürich 1990, 95–137.

G. Lohfink: Zur Möglichkeit christlicher Naherwartung, in: G. Greshake/ G. Lohfink: Naherwartung – Auferstehung – Unsterblichkeit, Freiburg ³1982, 38–81; 208–223.

H. Vorgrimler: Hoffnung auf Vollendung. Aufriß der Eschatologie, Freiburg 1980, 70–100.

Speziell zum Thema „Endzeitstimmung"

N. Cohns: Die Sehnsucht nach dem Millenium. Apokalyptiker, Chiliasten und Propheten im Mittelalter, Freiburg 1998.

R. Drößler: 2000 Jahre Weltuntergang. Himmelserscheinungen und Weltbilder in apokalyptischer Deutung, Würzburg 1999.

H. Gasper / F. Valentin (Hg.): Endzeitfieber. Apokalyptiker, Untergangspropheten, Endzeitsekten, Freiburg 1997.

Der Materialbrief von RU (Religionsunterricht) 3/99 ist speziell dem Thema „Endzeitfieber" gewidmet und enthält eine Fülle von Materialien.

„Vollendung" – und nicht nur „Ende"

K. Dorn / H. Wagner: Zum Thema: „Eschatologie, Tod, Gericht, Vollendung" (Handreichung für Erwachsenenbildung, Religionsunterricht und Seelsorge), Paderborn 1992, 94–96.

J. Finkenzeller: Die Parusie des Herrn, in: W. Beinert (Hg.): Glaubenszugänge. Lehrbuch der katholischen Dogmatik Bd. III, Paderborn 1995, 607–618.

Ders.: Das Weltgericht, ebd. 633–640.

P. Gisel: Schöpfung und Vollendung, in: P. Eicher (Hg.): Neue Summe Theologie, Bd. 2, Freiburg 1989, 19–125.

H. Küng: Weltende und Reich Gottes, in: ders.: Ewiges Leben?, München ⁶1996, 258–282.

F.-J. Nocke: Eschatologie, Düsseldorf ⁵1995, 143–154.

H. Vorgrimler: Hoffnung auf Vollendung. Aufriß der Eschatologie, Freiburg 1980, 168–171.

Zur Gestalt christlicher Zukunftshoffnung

H. Halter: Gericht und ethisches Handeln. Zur Rede vom göttlichen Gericht in der modernen Dogmatik und zur Bedeutung dieser Rede für die Ethik, in: J. Pfammatter / E. Christen (Hg.): Hoffnung über den Tod hinaus, Zürich 1990, 181–222.

H. Kramer: Rette deine Seele! – Hier in diesem Jammertal, in:, 93–107.

H. Küng: Der Himmel auf Erden?, in: ders..: Ewiges Leben?, München ⁶1996, 224–257.

H. J. Pottmeyer: Christliche Hoffnung zwischen Jenseitsvertröstung und Diesseitsoptimismus, in: A. Gerhards (Hg.): Die größere Hoffnung der Christen. Eschatologische Vorstellungen im Wandel, Freiburg 1990, 131–146.

Für die Praxis

Die Werkbuch Reihe: Glauben erfahren mit Hand, Kopf und Herz

Die Gestaltpädagogik kennt eine Vielzahl ganzheitlicher Methoden.

Sie regt Phantasie und Kreativität an, ermöglicht religiöse Erfahrungen, baut Vertrauen auf durch angstlösende und konfliktbewältigende Kommunikation.

Ein Praxisbuch für kreativen und lebensgeschichtlich orientierten Religionsunterricht / Gemeindekatechese

Format 16 x 21 cm;
264 Seiten;
43 s/w Abbildungen
und 14 Tabellen;
kartoniert
ISBN 3-460-11120-8

Verlag Katholisches Bibelwerk
Silberburgstraße 121
70176 Stuttgart

Für die Praxis

Die Werkbuch Reihe: Glauben erfahren mit Hand, Kopf und Herz

Symbole begleiten das Leben. Ihre Bedeutung für den Glauben und die religiöse Erziehung ist unbestritten. Klaus Schilling vermittelt Grundkenntnisse in Theorie und Praxis. Das reich mit Materialien ausgestattete Buch zeigt Methoden erfahrungsorientierten Lernens an konkreten Beispielen auf: Wasser, Stein, Kreis und Hand.

Der Autor hat dabei vor allem Lehrer und Lehrerinnen sowie Katecheten und Katechetinnen im Blick.

Format 16 x 21 cm;
116 Seiten;
19 s/w Abbildungen
und 18 Lieder;
kartoniert
ISBN 3-460-11110-0

Verlag Katholisches Bibelwerk
Silberburgstraße 121
70176 Stuttgart

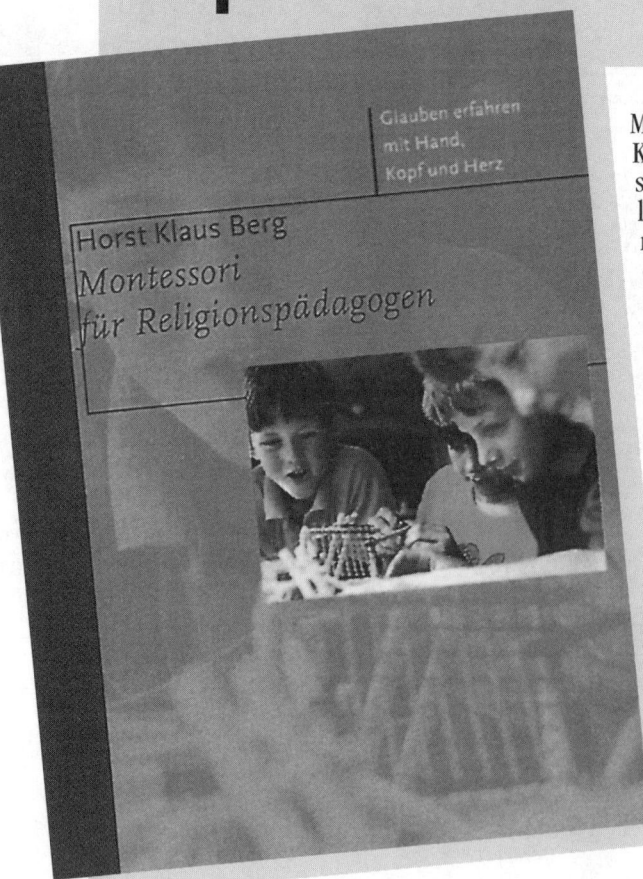